✱ 고전인문철학수업 I

1. 과거를 창조함에 대하여 (플라톤, 소크라테스의 변명)
2. 소극적 자유와 적극적 자유에 대하여 (니체, 인간적인 너무나 인간적인)
3. 자유의지에 대하여 (도스토예프스키, 지하생활자의 수기)
4. 자유로운 일과 자유를 주는 일에 대하여 (아우렐리우스, 명상록)
5. 창조의 힘, 개별의지에 대하여 (루소, 인간불평등기원론)
6.. 개별의지의 적용에 대하여 (플라톤, 국가 I)
7. 선택받는 삶과 선택하는 삶에 대하여 (데카르트, 방법서설)
8. 올바름과 어리석음에 대하여 (플라톤, 국가 II)

✱ 고전인문철학수업 II

9. 제3의 탄생에 대하여 (베이컨, 신논리학)
10. 꿈의 구조도에 대하여 (한비, 한비자)
11. 생각의 지도에 대하여 (통합사유철학강의)
12. 숭고한 나눔에 대하여 (칼릴지브란, 예언자)
13. 명예로운 삶에 대하여 (아우렐리우스, 명상록)
14. 우리에게 중요한 것들에 대하여 (생텍쥐페리, 어린 왕자)
15. 삶의 목적에 대하여 (장자, 장자)
16. 참과 진리에 대하여 (니체, 반시대적 고찰)

✤ 고전인문철학수업 Ⅲ

17. 여유로움과 나태함에 대하여 (키르케고르, 디아프살마타)
18. 성찰과 회복에 대하여 (데카르트, 성찰)
19. 아름다움에 대하여 (칼릴지브란, 예언자)
20. 행동과 열정에 대하여 (서머싯 몸, 달과 6펜스)
21. 겸손과 지혜에 대하여 (한비, 한비자)
22. 인식의 세 단계에 대하여 (니체, 차라투스트라는 이렇게 말했다)
23. 진실과 오해에 대하여 (체호프, 체호프 단편선)
24. 인간의 조건에 대하여 (카프카, 변신)

✤ 고전인문철학수업 Ⅳ

25. 평등한 세상을 위하여 (루소, 사회계약론)
26. 인간의 본성에 대하여 (알퐁스 도데, 별)
27. 문제와 해결에 대하여 (헤르만 헤세, 데미안)
28. 허영과 충만에 대하여 (파스칼, 팡세)
29. 편견과 본성에 대하여 (마크트웨인, 왕자와 거지)
30. 자기철학에 대하여 (아우렐리우스, 명상록)
31. 자존과 수용에 대하여 (사르트르, 문학이란 무엇인가)
32. 노력과 만족에 대하여 (이솝, 이솝 우화)

✽ 고전인문철학수업 Ⅴ

33. 배려와 희생에 대하여 (법구, 법구경)
34. 유익과 선에 대하여 (키케로, 의무론)
35. 존재에 대하여 (사르트르, 구토)
36. 시대정신에 대하여 (헤겔, 역사철학강의)
37. 목적과 자격에 대하여 (아리스토텔레스, 정치학)
38. 인내와 용기에 대하여 (성서, 잠언)
39. 배움의 이유에 대하여 (마키아벨리, 군주론)
40. 성공의 길과 진리의 길에 대하여 (헤르만 헤세, 나비)

✽ 고전인문철학수업 Ⅵ

41. 이해와 사랑에 대하여 (오헨리, 마지막 잎새)
42. 이해와 득실에 대하여 (냉철한 그리고 분노하는, 철학자들의 생각)
43. 합리적 계책에 대하여 (나관중, 삼국지)
44. 평등과 자격에 대하여 (냉철한 그리고 분노하는, 철학자들의 생각)
45. 시간과 존재에 대하여 (실존을 넘어서)
46. 자유와 평등에 대하여 (홉스, 리바이어던)
47. 관계와 인간에 대하여 (니체, 인간적인 너무나 인간적인 Ⅰ)
48. 나와 [나]에 대하여 (니체, 인간적인 너무나 인간적인 Ⅱ)

인문철학교육서

고전인문철학수업 Ⅵ

자유정신사

고전인문철학수업 Ⅵ

인문철학교육서

고전인문철학수업 Ⅵ

　이 책은 인문철학 교육서이다. 이 책은 인문철학을 시작하려는 사람에게 상당히 적합한 책이다. 이 책은 인문철학을 깊이 전공하는 전문가에게도 자못 적합한 책이다. 이 책은 모든 학생이 공부할 수 있는 책이다. 이 책은 삶의 목표를 찾고 있는 사람에게 괜찮은 책이다. 이 책은 세상을 이끌려는 리더에게 그런대로 적합한 책이다. 이 책은 학생들을 가르치는 교육자에게 꽤 적합한 책이다. 이 책은 삶을 뒤돌아보는 이들에게 때때로 적합한 책이다. 이 책은 무슨 책을 읽어야 할지 모르는 사람들에게 나쁘지 않은 책이다. 이 책은 자신이 부족해 보일 때 조금 용기를 주는 책이다. 이 책은 누군가 거만한 사람에게 선물하면 좋은 책이다. 이 책은 소중한 사람들과 같이 공부하기에 제법 적합한 책이다. 이 책은 차분히 삶을 디자인하려는 사람에게 조금은 도움이 되는 책이다.

인문철학교육서

* 차례 *

서론, 아이들에게 해주어야 할 열 가지 이야기

41. 이해와 사랑에 대하여 21

42. 이해와 득실에 대하여 55

43. 합리적 계책에 대하여 97

44. 평등과 자격에 대하여 139

45. 시간과 존재에 대하여 185

46. 자유와 평등에 대하여 219

47. 관계와 인간에 대하여 263

48. 나와 [나]에 대하여 303

인문철학교육서

아이들에게 해주어야 할 열 가지 이야기

인문철학교육서

1. 가난 연습

풍요에 겨운 '게으르고 살찐 부자'를 꿈꾸지 말라.

정말 그렇게 될 것이다.

세상 몇 가지 중요한 유익 중 하나가

가난이다.

2. 견지(堅持) 연습

하루에 하나씩 진리를 깨달아도

깨달음엔 끝이 없다.

사람은 아침마다 다시 어리석어진다.

3. 먼 꿈 연습

5년 후를 꿈꿀 때 그 꿈은 저 산 너머였고

10년 후 꿈에 젖었을 때 그 꿈은 저 하늘 너머였다.

그런데 30년 후를 꿈꾸면 여기 있는 이 모습 아닌가?

4. 명랑함 연습

쾌활함은 나를 드러나게 하고

명랑함은 나를 가라앉힌다.

쾌활함을 타인을, 명랑함은 나를 고려한다.

5. 젊음 연습

모든 생명체의 젊음에는

미래를 책임지는 고유한 의무가 있다.

자신, 가족, 민족, 인류를 책임지려는 자만이 '젊은 자'이다.

행복은 '젊은 자'의 특권이다.

6. 공평 연습

손해 보지 않는 듯한 평등은 없다.

평등적 자유가 아니면

그곳에는 악취가 난다.

나만 행복한 세상은 절대 없다.

7. 자유 연습

자유에는

'소극적 자유'와 '적극적 자유'가 있다.

그 선택에 따라 노예도 왕도 될 수 있다.

8. 쟁취 연습

투쟁과 행동 없는 자유는

12살 소년도 불가함을 이미 알고 있다.

행복은 타인이 보증하지 않는다.

아이들에게 해주어야 할 열 가지 이야기

9. 가라앉힘 연습

나를 가라앉혀야 타인이 보이고

타인이 보여야 세상이 보이며

세상이 보여야 행복이 보인다.

10. 냉철함 연습

개에게 먹이를 던지면 먹이를 쫓고

사자에게 먹이를 던지면 그자를 덮친다.

개는 조롱거리이고 사자는 굶어 죽는다.

행복은 비굴함도 용맹스러움도 아닌 냉철함이 필요하다.

자기 혼자 손해 보고 말겠다는
'점잖은 무관심'이
모두의 행복을 무너뜨린다.

- 진리의서, 자유정신사 -

41. 이해와 사랑에 대하여

이해 없는 사랑이 가능하기는 한가?

41. 이해와 사랑에 대하여

✽ 어떤 사람에 대해 내가 알고 있는 것은 표면적인 극히 일부이다.
그를 이해하려는 노력 없이 그를 사랑할 수는 없다.
사랑의 크기는 이해의 정도에 비례한다.
이것은 엄마가 아이를 사랑하는 것으로부터 유추할 수 있다.

✽ 사랑 없는 이해는 무미건조하고
이해 없는 사랑은 오래가지 않는다.
사랑의 깊이가 없기 때문이다.

✽ 누군가의 모든 것, 그것 전체를 이해하려는 시도와 노력이
인간적 사랑의 기본 조건이다.
그것이 쉽지 않은 이유는
사람은 이해하기보다는 이해받고 싶은 욕망이 더 크기 때문이다.
그러므로 결국은,
타인을 이해하는 능력이 그 사람의 가치를 결정하고
사랑의 깊이가 바로 그 사람의 가치를 나타낸다.

1. 나에 대하여

문제 자신의 생활 속에서 발견되는 타인에 대한 '이해와 사랑'에 대하여 생각하고, 설명하시오. (400자)

200자

400자

2. 고전 읽기: 오 헨리, 마지막 잎새 / 크리스마스 선물

오 헨리   마지막 잎새 / 크리스마스 선물

오 헨리는 '마지막 잎새와 크리스마스 선물'에서
타인에 대한 이해가
어떻게 우리 삶에 사랑을 주는지에 대하여
친구와 이웃집 화가를 통해
알려 주고 있다.

* Ref: 관련 자료 다수 참고

2. 고전 읽기: 오 헨리, 마지막 잎새 / 크리스마스 선물

마지막 잎새

1 워싱턴 스퀘어 서쪽 외곽 지역에서는 도로가 마음대로 뻗어 마을을 이루고 작은 골목들이 즐비하다. 이 동네 길은 이상한 곡선과 각도로 이루어져 같은 도로가 계속 반복되어 쉽게 길을 찾을 수 없다. 옛날에 어떤 화가는 이 동네에서 큰 가치를 발견했다. 그것은 그림물감, 종이 및 캔버스의 외상값을 받으러 온 상인이 이 마을에 발을 들여놓으면, 오랫동안 걸어 다녀도 결국 집을 찾지 못해, 그냥 돈을 포기하고 집으로 돌아갈 것이라는 점이다.

그래서 미술가들은 이상하고 오래된 그리니치 빌리지에 몰려들어 북쪽을 향한 창문과 십팔 세기 박공과 네덜란드식 다락방의 저렴한 방을 찾아 돌아다닌다. 그런 다음 육 번가에서 값싼 커피잔과 스토브를 구입하여 집으로 옮겼고, 이런 방식으로 화가 마을이 들어서게 되었다.

평평한 삼 층 벽돌집 옥상에 수와 쟌시는 공동으로 쓰는 화실을 가지고 있었다. 수는 메인주에서, 쟌시는 캘리포니아주에서 왔다. 그들은 팔 번가의 델리니노 식당에서 처음으로 만났고, 미술과 치콜리 샐러드 그리고 작업복 소매에 대한 두 사람의 취향이 완벽하게 어울렸다는 것을 알게 된 후, 공동으로 사용하는 화상을 갖기로 했다.

그때는 오 월이었다. 그런데 십일 월에 들어 조금 추워지자, 의사들이 폐렴이라 부르는 차갑고 눈에 보이지 않는 방랑자가 화가 마을을 방문하고 얼음처럼 차가운 손으로 여기저기 사람들을 괴롭혔다.

2. 고전 읽기: 오 헨리, 마지막 잎새 / 크리스마스 선물

이 악당들은 뉴욕의 이스트 사이드에서 직접 충격을 가해 수많은 희생자를 만들었지만 도시의 좁고 이끼 낀 골목길에서 속도를 늦추었다.

폐렴 선생은 결코 기사도 정신으로 충만한 신사는 아니었다. 캘리포니아의 산들바람에 의해 피가 얇아진 약하디 약한 여자는 피 묻은 손으로 가쁘게 숨 쉬는 늙은 악한에게는 결코 좋은 적수가 아니다. 그녀는 페인트가 칠해진 철 침대에 누워 있었고 작은 네덜란드 창문을 통해 옆에 있는 벽돌집의 빈 벽을 쳐다보고 있었다.

어느 날 아침, 바쁜 의사가 하얀 주름진 눈썹으로 수를 복도로 불렀다.

"살 가망에 대해 말하면 십분의 일 밖에 되지 않소." 그는 온도계의 수은을 흔들며 말했다. "그녀는 스스로 살기를 원할 때만 그렇다는 말이오. 사람들이 장례식에 가까워지면 의약의 힘이 우스워진단 말이오. 당신 친구는 더 나아지지 않을 것으로 생각하고 있소. 그녀가 하고 싶은 일이나 염두에 두고 싶은 일이 있습니까?"

"그녀는 언젠가 나폴리만을 그리고 싶어 했습니다."라고 수우가 말했다.

2 "그림? 그것 가지고는 좀 부족하지! 그녀가 필사적으로 그녀의 마음에 원하는 것 ..? 예를 들어 연인 같은 사람은 없나요?"

"연인이요?" 수우는 슬픈 한숨을 쉬었다. "연인이 그렇게 정말 대단합니까? 아니오, 그녀는 연인은 없습니다."

2. 고전 읽기: 오 헨리, 마지막 잎새 / 크리스마스 선물

"허, 이것은 큰 문제인데." 의사가 말했다. "어쨌든, 내가 아는 모든 약을 사용할 것이오. 그러나 환자가 장례식 차량 수를 세기 시작할 때, 나는 약의 효능에서 반을 뺍니다. 그녀가 올겨울 유행할 겨울 코트의 소매 모양에 대해 물어보게 할 수 있다면 그녀의 생존 가능성은 바로 두 배가 될 것이오."

의사가 돌아간 후 수는 스튜디오로 돌아와서 울었다. 그런 다음 그녀는 화판을 들고 그녀의 방으로 들어가면서 활기 넘치는 곡으로 휘파람을 불었다.

그녀는 담요에 누워서 창문을 향해 머리를 돌리고 있었다. 수는 쟌시가 잠들었다는 것을 알고 휘파람을 멈추었다.

그녀는 화판을 가져와서 잡지의 삽화를 위한 그림을 그리기 시작했다. 젊은 미술가들이 예술의 길을 걸으려면 잡지에 실리는 소설의 삽화를 그려야 했다. 수는 소설의 주인공 아이다호의 카우보이에게 멋진 승마복과 외눈 안경을 그리고 있었다. 그때, 낮은 목소리로 무언가 중얼거리는 소리가 들렸다. 그녀는 서둘러 침대 옆으로 갔다.

쟌시가 눈을 크게 뜨고 있었다. 그녀는 창문 밖을 보고 무언가를 세고 있었다. 자세히 들으니 거꾸로 세고 있었다.

'열둘, 열하나' 그리고 조금 후 '열, 아홉' 그리고 '여덟, 일곱'은 거의 동시에 세었다.

수는 걱정스럽게 밖을 보았다. 세고 있는 것이 무엇이지? 보이는 것은 빈 뒤뜰과 이십 피트 떨어진 옆집의 빈 벽이었다. 오래된 뿌리와 굴곡진 마디를 가진 오래된 담쟁이덩굴이 벽돌 반쯤 기어 올라가

2. 고전 읽기: 오 헨리, 마지막 잎새 / 크리스마스 선물

고 있었다. 그 나무는 가을의 추운 바람에 나뭇잎이 거의 다 떨어지고 앙상한 줄기만 벽에 붙어있었다.

3 "쟌시, 뭘 세는 거니?" 수우가 물었다.

'여섯' 쟌시는 거의 속삭였다. "점점 빨리 떨어지고 있다. 사흘 전에는 거의 백 개나 있었는데. 그때는 너무 많아 세려면 머리가 아플 지경이었거든. 그런데 지금은 아주 쉬워졌다. 또 하나는 떨어지고 있다. 다섯 개만이 남았네."

"다섯이라니? 그게 뭐지?"

"잎이야, 저 오래된 담쟁이덩굴의 잎. 마지막 잎이 떨어지면 나도 함께 죽을 거야. 난 벌써 사흘 전에 알았어. 의사가 그렇게 말하지 않았니?"

"참 어처구니없는 소리를 다 하는구나." 수는 매우 놀라 말했다. "오래된 담쟁이 잎과는 네가 무슨 관계가 있는데? 더군다나, 네가 그 나무를 얼마나 좋아했니? 심술부리지 마라. 그 바보 같은 말은 하지도 말고. 오늘 아침, 의사는 네가 건강해질 확률이 아주 높다고 했어. 그리고 그는 이렇게 말했어. 그 확률이 십분의 일이라고. 그 확률은 뉴욕과 같은 도시에서 전차를 타거나 건설 중인 건물 아래를 지나갈 가능성과 거의 같은 높은 확률이라고. 이제 국물 좀 마셔라. 그동안 나는 그림을 그려야 되니까. 그림을 편집장에게 팔아, 붉은 와인과 돼지고기를 사올 테니까."

"더 이상 와인은 살 필요가 없을 것 같다." 쟌시는 계속 창문 밖으로 쳐다보며 말했다.

2. 고전 읽기: 오 헨리, 마지막 잎새 / 크리스마스 선물

"또 떨어진다. 이젠, 더 이상 죽도 필요 없을 것 같다. 이제 네 개의 잎만 남았다. 나는 마지막 잎이 어두워지기 전에 떨어졌으면 좋겠어. 밝을 때, 나는 함께 갈 수 있게."

"이봐, 쟌시야!" 수는 그녀에게 가까이 다가가 말했다. "눈을 감고 좀 쉬어. 창문 밖을 보지 않겠다고 약속해라. 그림을 완성할 때까지라도. 내일 아침까지 그림을 갖다주어야 해. 그릴 때, 햇빛이 필요해 창문을 닫을 수가 없구나. 그렇지 않았다면 벌써 커튼을 내렸을 텐데."

"다른 방에서도 그릴 수 있잖아?" 쟌시가 차갑게 말했다.

"네 옆에 있고 싶어." 수가 말했다. "그리고 네가 저 담쟁이덩굴 잎을 보고 있는 게 정말 싫다."

"그림을 다 그리면, 말해 줘." 쟌시는 눈을 감고 말했다.

4   쟌시의 창백한 모습으로 가만히 누워 있는 모습은 꼭 넘어져 있는 동상 같았다.

"나는 마지막 잎이 떨어지는 것을 보아야 해. 이제 나는 피곤하다. 나는 생각에 지쳤어. 나는 단지 저 나뭇잎처럼 조용히 죽고 싶다."

"조금 자도록 해 봐라. 나는 버만 아저씨를 불러서 오래된 광부의 모델이 되어달라고 부탁할 거야. 곧 돌아올 테니 올 때까지 편안히 쉬고 있어." 수우는 이렇게 말하며 방을 나갔다.

버만 아저씨는 그녀들의 집 일 층에 사는 화가였다. 그는 예순이 넘었고, 미켈란젤로가 만든 모세와 같은 긴 수염으로 얼굴을 가리고 있었다. 그는 실패한 화가였다. 거의 사십 년 동안 그는 열심히 붓을

41. 이해와 사랑에 대하여

2. 고전 읽기: 오 헨리, 마지막 잎새 / 크리스마스 선물

들어 그려보았지만 그럴듯한 그림을 하나도 그리지 못했다. 그는 항상 위대한 걸작을 그리겠다고 말하지만 실제로는 붓을 손에 만지지도 않았다. 지난 몇 년 동안, 그는 때때로 몇 개의 광고용 그림 또는 상업용 그림 이외에는 아무것도 그리지 않았다. 그는 이 화가의 마을에 사는 젊은 예술가들을 위한 모델로 일하면서 단지 몇 달러를 벌었다. 가난한 화가들은 전문 모델에게 돈을 지불할 수 없었기 때문에 아저씨에게 부탁했던 것이다. 진을 마셔 취해도 그는 여전히 걸작에 대해 이야기했다. 그리고 성미가 급한 늙은 아저씨로 무엇이든 두려워하지 않았다. 그래서 그런지 누군가 약한 모습을 보이면 그를 보고 몹시 비웃었다. 그는 위층에 살고 있는 두 젊은 미술가를 보호하기 위해 특별한 문지기라고 스스로 말하고 다녔다. 수가 내려가 보니, 버만 아저씨의 어두운 방은 강한 물감 냄새를 풍기고 있었다. 한쪽 구석에 하얀 캔버스는 이젤 위에서 이십오 년 동안 걸작의 첫 번째 붓질을 기다리고 있었다. 수우는 노인에게 쟌시의 이상한 생각을 말한 후, 쟌시의 마음이 나뭇잎처럼 가냘프고 약하다고 말하면서, 마지막 잎이 떨어지면 쟌시가 정말로 죽을까 걱정된다고 말했다. 버만 아저씨는 그런 어리석은 생각에 대해 경멸하고 조롱했다.

"그 무슨 말이오!" 그는 큰 소리로 말했다. "세상에, 떨어지는 담쟁이 잎으로 죽는 사람이 어디 있소? 왜 바보 같은 생각을 내버려 두었소? 불쌍한 쟌시!"

"그녀는 매우 아파서 마음도 많이 허약해진 거예요." 수우가 말했다. "더욱이 열이 심해서 병적으로 이상한 생각을 하게 된 거구요. 아저씨가 내 모델이 되고 싶지 않다면, 그렇게 하세요. 아저씨는 변

2. 고전 읽기: 오 헨리, 마지막 잎새 / 크리스마스 선물

덕장이처럼 화만 내는군요."

5 "참나, 여자들은 항상 이렇다니까!" 버만 아저씨가 말했다.
"누가 모델이 되지 않겠다고 했소? 어서 갑시다. 오랫동안 나는 포즈를 취할 준비가 되었다고 말하려고 했던 참이오. 젠장, 여기는 당신네 같은 진짜 숙녀들이 아프고 누워있을 곳이 아닌데 말이오. 내가 언젠가 걸작을 그리면 모두 함께 더 좋은 다른 곳으로 갑시다. 알겠지요?"
그들이 위층에 올라왔을 때, 쟌시는 잠들어 있었다. 수는 커튼을 창문틀까지 아래로 내리고 버만 아저씨에게 다른 방으로 가자고 손짓을 했다. 그들이 다른 방에 왔을 때, 그들은 창밖의 담쟁이덩굴을 보았다. 그리고 그들은 서로를 조용히 바라보았다. 눈이 섞인 차가운 비가 내리고 있었다. 늙은 버만 아저씨는 낡은 파란색 셔츠를 입고 거꾸로 된 냄비에 앉아서 늙은 광부의 모습으로 포즈를 취했다.

다음 날 아침, 수우가 잠시 눈을 잠시 붙인 후 일어나 보니, 쟌시는 깨어나 힘없는 눈으로 내려진 녹색 커튼을 뚫어지게 쳐다보고 있었다.
"커튼 좀 걷어 줄래. 나뭇잎을 좀 봐야겠어." 쟌시는 작은 목소리로 말했다.
수우는 할 수 없이 커튼을 열었다. 그런데, 어젯밤, 그렇게 비가 밤새 세차게 내렸는데, 벽돌 벽에 여전히 나뭇잎 하나가 남아있지 않은가! 그것은 바로 그 담쟁이덩굴의 마지막 잎이었다. 줄기 부근

2. 고전 읽기: 오 헨리, 마지막 잎새 / 크리스마스 선물

가까이는 아직 짙은 녹색이긴 하지만, 톱니 모양의 잎의 끝부분 가장자리는 이미 시들어 말라 있고 노랗게 변한 그 마지막 잎은 지면 위 약 이십 피트 쯤 위에 씩씩하게 매달려 있었다.

"그게 마지막 잎이야." 쟌시가 말했다.

"나는 어젯밤에 떨어질 줄 알았어. 바람 소리가 크게 들렸거든. 오늘은 떨어지겠지. 그때 나도 죽을 거야."

"이봐, 쟌시." 수우가 쟌시의 베개에 대고 말했다.

"나를 봐서라도 힘을 좀 내봐. 네가 없으면 나는 어떻게 하란 말이야?"

그러나 쟌시는 대답하지 않았다. 사람이 먼 신비한 여행을 준비하면 정말 외로운 법이다. 사랑하는 사람들과 세상에 대한 집착이 하나씩 끊어지면서, 그녀의 마음은 죽는다는 생각에 사로 잡혔있는 것 같았다. 저녁노을이 밀려왔을 때도 외로운 나뭇잎은 여전히 줄기에 걸려 있었다. 밤이 되자 북풍이 다시 불어오고 비가 여전히 창문을 치면서 낮은 네덜란드식 처마 아래로 흘러내려 갔다.

6 날이 다시 밝자 쟌시는 차갑게 긴장하면서 커튼을 다시 들어 올려달라고 말했다.

그러나, 마지막 잎은 그대로 남아 있었다. 쟌시는 나뭇잎을 오랫동안 보았다. 그런 다음 가스 스토브에서 닭고기 수프를 자르고 있던 수우에게 말했다.

"내가 나쁜 애였지?" 쟌시가 말했다. "하늘이 내게 얼마나 내가 나쁜지를 보여주려고 저 잎을 남겨 두었나 보다. 죽고 싶어 하는 것은 정말 안되지? 수프 좀 갖다줄래? 그리고 포도주를 탄 우유도 같

2. 고전 읽기: 오 헨리, 마지막 잎새 / 크리스마스 선물

이. 아니, 먼저 손거울이 필요하겠다. 베개로 날 좀 받쳐 줘. 네가 요리하는 모습이 보고 싶다."

한 시간쯤 후에는 그녀가 이렇게 말했다.

"수우, 언젠가 나폴리만 그려야 할 텐데."

의사는 오후에 왔다. 그가 떠났을 때, 수우는 따라 나와 쟌시의 상태를 물었다.

"지금, 그녀는 살 가능성이 더 높소." 의사는 수우의 떨리는 손을 쥐고 말했다.

"당신의 간호가 보람이 있을 것 같소. 나는 다른 환자를 아래층으로 보러 갈 거요. 버만이란 사람인데, 그도 미술가요. 그 또한 폐렴이요. 늙고 쇠약한데 증세가 대단해서, 오늘 그를 편안하게 해 주기 위해 입원시킬 예정이요."

다음날 의사는 수우에게 말했다.

"이제 위험에서 벗어났소. 당신들의 승리요. 이제 잘 먹게 하고, 잘 돌보아 주면 걱정할 필요 없소."

그날 오후, 수우는 쟌시의 침대에 같이 누워 말했다. 쟌시는 침대에 편안하게 누워서 별 쓸모 없어 보이는 파란색 양털 스카프를 짜고 있었다.

"할 이야기가 있는데, 오늘 버만 아저씨가 폐렴으로 병원에서 돌아가셨다. 겨우 이틀 만에 그렇게 되었지. 첫날 아침, 관리인이 아래층에 있는 방에 쓰러져 있는 영감을 발견했는데, 아저씨의 신발과 옷이 너무 젖어서 얼음처럼 차가웠대. 그런 비 오는 밤에 어디를 갔

2. 고전 읽기: 오 헨리, 마지막 잎새 / 크리스마스 선물

다 왔는지 처음엔 아무도 몰랐던 것 같다. 그런데, 조명이 켜진 랜턴과 사다리를 발견했고 흩어져있는 붓, 녹색과 노란색 팔레트를 창밖 벽에서 발견했다고 하네. 벽화를 그린 것 같다. 버만 아저씨의 마지막 그림이지."

2. 고전 읽기: 오 헨리, 마지막 잎새 / 크리스마스 선물

문제 1 각 Chapter 별로 누군가를 (사랑하는 사람을) '이해'하려는 노력을 드러내는 내용 찾아 설명하시오. (각 100자)

1.

2.

200자

3.

4.

400자

5.

600자

2. 고전 읽기: 오 헨리, 마지막 잎새 / 크리스마스 선물

문제 1 각 Chapter 별로 누군가를 (사랑하는 사람을) '이해'하려는 노력을 드러내는 내용 찾아 설명하시오. (각 100자)

6.

2. 고전 읽기: 오 헨리, 마지막 잎새 / 크리스마스 선물

크리스마스 선물

1 일 달러 팔십칠 센트, 이것이 전부이다. 그중 육십 센트는 잔돈이다. 이 잔돈은 물건값을 깎고 깍쟁이라는 핀잔을 받으며 얼굴이 붉어지면서까지 식료품점, 야채 가게 또는 정육점에서 매번 일 페니 또는 이 페니씩 모은 것이었다. 델라는 이 돈을 세 번이나 세어 보았지만 역시 일 달러 팔십칠 센트였다. 그러나 내일은 크리스마스가 아닌가.

할 수 없이, 허름한 작은 침대로 뛰어들어 혼잣말하는 방법 외에는 다른 방법이 없었다. 델라는 침대에 뛰어들어 불평을 시작했다. 이렇게 하면 인생은 눈물, 콧노래 소리, 웃음으로 생겨났다고 생각하게 된다. 그중에서도 인생은 콧노래가 최고라는 교훈을 배운다. 그녀는 불평이 점차 흥얼거리는 노래로 바뀌는 동안 방을 들여다보았다. 가구가 딸린 아파트에서 임대료는 주당 팔 달러였다. 이 집은 너무 끔찍하지는 않았지만 조금 관리가 잘못되면 금새 허름한 방이 될 수 있는 그런 방이었다.

아래 현관에는 항상 빈 우편함이 있었고 누군가의 손가락으로 눌렀을 때 소리가 나지 않는 초인종 버튼도 있었다. 또한 그곳에는 '제임스 딜링햄 영'이라는 명함도 있었다.

'딜링햄'이라는 이름은 살림이 풍부하고 산들바람에 반짝이는 시기였다. 당시 남편의 수입은 일주일에 삼십 달러였다. 그러나 '딜링햄'이라는 이름은 이제 이십 달러로 희미해져서 글자 자체가 눈에 띄지 않는 알파벳 D자로 축소되는 것처럼 보인다.

2. 고전 읽기: 오 헨리, 마지막 잎새 / 크리스마스 선물

그러나 집으로 돌아와 위층으로 올라갔을 때 그는 항상 그를 '짐'이라고 부르는 아내에게 따뜻하게 맞아들여졌다.

그녀는 창문 옆에 서서 뒤뜰에 있는 회색 벽을 걷고 있는 고양이를 보고 있었다. 내일은 크리스마스인데, 짐의 선물로 살 수 있는 유일한 돈은 일 달러 팔십칠 센트였다. 몇 개월 동안 모은 것이다. 일주일에 이십 달러로는 방법이 없다. 지출은 항상 그녀가 생각한 것보다 초과했다.

그녀는 행복감에 푹 빠져서 남편에게 무엇을 줄지 궁리했다. 좋고 새롭고 진실한 것은 무엇일까? 그녀는 짐이 갖고 있으면 기뻐할 만한 가치 있는 것을 사고 싶었다.

2 방의 창문과 창문 사이에 허름한 거울이 있었다. 집세 주 팔 달러짜리 아파트에 거울이 걸려있는 것을 본 적이 있는가? 당신이 매우 야윈 사람이라면, 어느 정도 수직으로 날씬한 모양을 거울을 보고 비슷하게 이해할 수 있을 정도로 볼 수는 있을 것이다. 델라는 그녀가 몸이 야윈 편이기 때문에 어느 정도 거울을 이용할 수 있었다. 그녀는 창문에서 물러나 이십 분 동안 조용히 생각했다. 오래지 않아 그녀는 머리카락을 풀고 가능한 한 길게 어깨 아래로 풀어 내렸다.

제임스 딜링햄 부부에게는 두 가지 큰 자랑거리가 있었다. 하나는 짐이 할아버지 세대로부터 물려받은 금시계였다. 다른 하나는 델라의 머리였다. 솔로몬 왕의 왕비 시바가 낮은 벽을 사이에 두고 옆에 있는 집에 산다면, 델라는 항상 머리를 창문 밖으로 내밀고 여왕

2. 고전 읽기: 오 헨리, 마지막 잎새 / 크리스마스 선물

의 보석과 타고난 아름다움을 무색하게 만들었을 것이다.

산더미처럼 지하실에 보물이 있던 솔로몬 왕이 우리 집의 관리인이라면, 짐은 그가 지나갈 때마다 시계를 꺼내 보여주어, 왕이 욕심을 느끼며 수염 쓰다듬는 모습을 계속 보았을 것이다.

아름다운 델라의 머리카락이 황금빛 폭포처럼 빛나며 그녀의 주위에 멋지게 늘어져 있었다. 그녀의 머리카락이 허리 아래까지 닿아 마치 옷처럼 보이기도 했다. 그러나 그녀는 단호하고 신속하게 머리카락을 다시 올렸다. 그녀는 잠시 동안 고민하다가, 조용히 앉아 낡은 레드 카펫에 눈물을 흘렸다.

그녀는 낡은 갈색 재킷을 입고 낡은 밤색 모자를 썼다. 그런 다음 그녀는 치마를 날리듯이 빠르게 눈을 번쩍이고 집에서 나와 계단으로 내려가 거리를 향했다.

그녀가 멈춘 가게에 이런 간판이 있었다.

"마담 소프로니 미용점, 다양한 미용 및 헤어 제품 취급"

한번에 가게에 뛰어들었던 델라는 숨을 가쁘게 쉬며 마음을 진정시켰다. 소프로니라는 이름과는 달리 통통하고 흰 피부의 마담은 그녀를 보았다.

델라는 입을 열었다.

"제 머리칼을 사시겠습니까?"

"구매하고 있습니다."

마담이 이렇게 말했다.

"모자를 벗고, 머리를 한 번 보여주세요."

3 황금빛 폭포가 아래로 흐르고 있었다.
"이십 달러 정도는 가능할 것 같군요."
마담은 익숙한 솜씨로 머리를 만지며 말했다.
"계산해 주세요."
델라가 말했다. 다음 두 시간은 행복의 날개를 타고 흘러갔다. 이 쓸데없는 은유가 필요 없다면, 그녀는 짐의 선물을 사기 위해 여러 상점을 모두 빠짐없이 다녔다.

그녀는 마침내 발견했다. 실제로 그것은 짐을 위해 맞추어 놓은 것처럼 보였다. 다른 가게는 없었다. 그녀는 상점이라고 하는 상점 내부와 외부를 모두 살펴보았다. 백금으로 된 시곗줄로 단순하고 깔끔한 장식이 마음에 들었다. 또한 실질적이고 가치가 있는 것으로 보였다. 남편의 시계에 딱 맞는 시곗줄임이 틀림없었다.

그녀는 이것이 짐에게 잘 어울릴 것이라는 것을 알았다. 무게와 가치, 이것은 사람과 물건에 모두 해당되는 말이다. 이십일 달러를 지불한 후, 그녀는 팔십이 센트를 갖고 집으로 향했다. 시계에 이 시계 줄을 채우면 짐은 친구 앞에서 시간을 보더라도 당황하지 않을 것이다. 훌륭한 시계였지만 너무 낡고 오래된 가죽끈으로 된 시곗줄 때문에 몰래 꺼내 보곤 했다.

집으로 돌아왔을 때, 델라의 황홀한 느낌은 어느 정도 이성을 되찾았다. 그녀는 머리를 다듬기 위해 머리 손질용 아이론을 꺼내고 짧은 머리를 다듬기 시작했다.

그녀의 머리카락은 이제 짧은 물결 모양의 머리카락으로 덮여있어 장난꾸러기 어린 학생처럼 보였다. 그녀는 거울에 비친 자신의

2. 고전 읽기: 오 헨리, 마지막 잎새 / 크리스마스 선물

모습을 오랫동안 자세히 봤다.

"짐이 나에게 너무 뭐라고 하지 않았으면…"

그녀는 혼자 이렇게 중얼거렸다.

"그가 나를 보자마자 내가 코니아일랜드 합창단 소녀와 같다고 말할 것 같았다. 하지만 어쩔 수 없다. 일 달러 팔십칠 센트로는 아무 것도 할 수 없었어."

그녀는 커피를 끓이고 스토브 위에 프라이팬을 달구어 폭찹으로 저녁을 준비했다.

짐은 언제나 늦지 않았다. 델라는 두 손으로 줄을 집어 들고 우편물이 항상 들어오는 문 근처의 탁자 모퉁이에 앉았다. 그때 계단 아래에서 올라오는 발자국 소리가 들렸다. 그녀의 얼굴은 갑자기 창백해졌다. 그녀는 사소한 일에도 매일 기도하는 습관을 가지고 있었는데, 이번에도 여전히 기도를 올렸다.

4 "하나님, 짧은 머리도 잘 어울린다고 말하게 해주세요."

문이 열리고 짐이 들어왔다. 문은 이미 닫혔다. 그는 창백하고 매우 힘들어 보였다. 그는 가장 노릇에 항상 최선을 다했다. 그는 새 코트와 장갑도 필요했다.

집으로 들어온 짐은 메추리새 냄새를 맡은 사냥개처럼 꼼짝 않고 멈춰 섰다. 그의 시선은 델라에게 향해 멈추었다. 그 눈빛에는 그녀가 알 수 없는 복잡한 그 무엇이 있었다. 그것은 그녀를 놀라게 했다. 분노, 놀라움, 불만 또는 두려움 같은 것은 아니었다. 그것은 그녀가 생각할 수 있는 그런 감정이 아니었다. 그는 무언가 표현하기

2. 고전 읽기: 오 헨리, 마지막 잎새 / 크리스마스 선물

어려운 독특한 표정으로 그녀를 보고 있었다.

델라는 식탁에서 일어나 그에게 다가갔다.

"짐!" 그녀는 말했다.

"나는 단지 당신에게 크리스마스 선물을 주고 싶었어요. 머리카락이 곧 다시 자라기 때문에 괜찮아요. 그렇지 않나요?. 선택의 여지가 없었어요. 내 머리카락은 매우 빨리 자라요. 자 이제 "메리 크리스마스"라고 말해줘요. 정말 마음에 드는 근사한 선물을 준비했어요"

"머리칼을 잘라 선물을 샀소?"

그는 슬프고 괴로운 표정으로 물었다.

"머리카락을 팔았어요." 델라는 말했다.

짐은 더 알아내려고 노력하는 것처럼 방을 둘러보았습니다.

"머리칼이 없단 말이오…."

델라는 말했다.

"짐, 저녁 준비할까요?"

짐은 갑자기 정신이 번쩍 드는 사람처럼 일어나더니, 델라를 조용히 껴안았다.

그리고 짐은 코트 주머니에서 선물꾸러미를 꺼내 테이블 위에 조용히 올려놓았다.

5   짐은 말했다.

"당신이 머리를 자르더라도, 나는 정말 아무 상관 없소. 하지만 저 선물을 꺼내 보면 내가 왜 한동안 아무 말도 할 수 없었는지 알게 될 거요."

2. 고전 읽기: 오 헨리, 마지막 잎새 / 크리스마스 선물

그녀는 빠른 손가락 놀림으로 줄과 포장지를 풀었다. 그리고 기뻐, 환성을 질렀다. 그러나 그녀는 갑자기 울음을 터뜨렸다.

손 위에는 머리핀이 있었다. 델라가 오랫동안 브로드웨이 쇼케이스에서 갖고 싶었던 왼쪽과 오른쪽에 머리 장식이 달린 머리핀이었다. 그것은 예쁘게 가장자리에 보석이 있었고, 지금 사라진 아름다운 황금색 머리에 꽂으면 잘 어울릴 완벽한 색상이었다.

마침내 그녀는 고개를 들어 꿈꾸는 듯한 미소로 말했다.

"짐, 나는 머리가 빨리 자라요."

그런 다음 델라는 작은 고양이처럼 벌떡 일어나,

"선물이에요!"라고 신나게 외쳤다.

짐은 아직 선물을 보지 못했다. 그녀는 그것을 똑바로 그의 손바닥 위에 놓고 그에게 보여 주었다. 백금의 번쩍이는 회색 줄은 그녀의 맑은 영혼의 빛을 받아 더욱 빛나고 있는 것처럼 보였다.

"어때요? 멋지지요? 이걸 구하려고 온통 거리 상점을 모두 다녔어요. 이제는 다 떨어져, 그것을 다시 얻으려면, 백 년은 걸릴 거에요. 시곗줄 채운 당신의 시계를 보고 싶어요."

짐은 시계를 꺼내는 대신, 양팔을 베개 삼아 벤치에 누워 조용히 웃으며 말했다.

"우리, 크리스마스 선물은 서로 잠시 보류하기로 하고 …
자, 우리 저녁이나 같이 만듭시다."

2. 고전 읽기: 오 헨리, 마지막 잎새 / 크리스마스 선물

문제 2 각 Chapter 별로 누군가를 (사랑하는 사람을) '이해'하려는 노력을 드러내는 내용 찾아 설명하시오. (각 100자)

1.

2.

3.

4.

5.

3. 주제 토론: 이해와 사랑에 대하여

사랑의 기쁨은
내가 아닌 그의 즐거움이다.
내 것은 얕은 우물이고 그의 것은 깊은 바다이다.
행복한 사랑의 조건이다.

〈위 글을 바탕으로 이해와 사랑에 대하여 창작하시오.: 사회 비판 관점〉

200자

400자

3. 주제 토론: 이해와 사랑에 대하여

사랑은 불편한 일이다.
사람의 마음을 사로잡는 것이 그리 쉬운 일은 아니다.
편안하다면 이미 사랑은 지나간 것.
불편한 것을 감수하는 인내와 노력이 사랑을 유지한다.

〈위 글을 바탕으로 이해와 사랑에 대하여 창작하시오.: 사회 비판 관점〉

4. 천자문 (41/125)

樂(즐길 락) 殊(다를 수) 貴(귀할 귀) 賤(천할 천)
음악이 신분에 따라 다르듯이

禮(예도 례) 別(다를 별) 尊(높을 존) 卑(낮을 비)
예는 위와 아래를 구분하는 것이다.

낙수귀천　　　예별존비

樂殊貴賤 이니　禮別尊卑 라.

존경할 줄 아는 자만이 존경 받을 수 있다.

[한자 세 번, 뜻 한 번을 쓰시오]

4. 논어 (論語)

위정편(爲政篇)

君子는 欲訥於言 하고
군자　　욕눌어언

而敏於行 이라.
이민어행

군자는 말은 더디게 하고
행동은 민첩하게 해야 한다.

* 訥 (눌) 느릴 룰, 더듬을 눌
* 敏 (민) 민첩할 민

[한자 두 번, 뜻 한 번을 쓰시오]

인문고전 추천 41

마지막 잎새, 크리스마스 선물 (오 헨리)

본명은 포터(William Sydney Porter)이고, 노스캐롤라이나주 그린스버러에서 태어났다. (1862~1910년) 아버지는 지방의 유명한 의사였고, 어머니는 문학적 재능이 뛰어났다. 그러나 어려서 양친을 잃어 학교 교육도 제대로 받지 못한 채 숙부의 약방을 거들고 있다가 1882년 텍사스주로 가서 카우보이·점원·직공 등의 일을 했다. 1887년 25세에 17세의 소녀와 결혼하였고, 1891년 오스틴은행에 근무하면서 아내의 내조를 얻어 주간지를 창간했으며, 지방신문에 유머러스한 일화를 기고하는 등 문필생활을 시작하였다. 은행에서의 공금횡령 혐의로 3년간 감옥생활을 하는 사이에 얻은 풍부한 체험을 소재로 단편소설을 쓰기 시작하여, 이러한 경험이 훌륭한 작가로 성장하는 계기가 되었다. 그는 불과 10년 남짓한 작가활동 기간 동안 300편 가까운 단편소설을 썼다. 그는 순수한 단편작가로, 따뜻한 유머와 깊은 페이소스를 작품에서 풍기며 모파상이나 체호프에도 비교된다. 미국 남부나 뉴욕 뒷골목에 사는 가난한 서민과 빈민들의 애환을 다채로운 표현과 교묘한 화술로 그린 것이 특징이다. 특히 독자의 의표를 찌르는 줄거리의 결말은 기교적으로도 뛰어나다. 대표적 단편 〈크리스마스 선물〉 〈마지막 잎새〉 등에서는 따뜻한 휴머니즘을 탁월하게 묘사하였다.

* Ref: 관련 백과사전 등 참고

독서 노트 (41)

[마지막 잎새, 크리스마스 선물에 흐르는 정신(교훈)에 대하여]

1. 저자
  : 오 헨리

2. 도서
  : 마지막 잎새, 크리스마스 선물

3. 독서 노트
  (1) 각 소설 별로 감명 깊었던 이야기를 요약 기술하시오. (각 300자)
  (2) 두 이야기에 흐르는 세 가지 정신(교훈)에 대하여 기술하시오. (각 200자)

4. 기간
  : 2주

독서노트

(1) 각 소설 별로 감명 깊었던 이야기를 요약, 기술하시오. (각 300자)

1. 마지막 잎새

200자

2. 크리스마스 선물

400자

600자

독서노트

(2) 두 소설에 흐르는 세 가지 정신(교훈)에 대하여 기술하시오. (각 200자)

1.

2.

3.

Summary

1. 나에 대하여

: 자신의 생활 속에서 발견되는 타인에 대한 '이해와 사랑'에 대하여 생각하고, 설명하시오. (400자)

2. 고전 읽기

: 마지막 잎새, 크리스마스 선물 (오 헨리)

3. 주제 토론

: 이해와 사랑에 대하여

4. 천자문 / 명심보감

5. 독서 노트

: 마지막 잎새, 크리스마스 선물 (오 헨리)

이해와 사랑에 대하여

✱ 41. 이해와 사랑에 대하여 자신의 생각을 종합하시오.

42. 이해와 득실에 대하여

나만 이(利)와 득(得)을 바라겠는가?

42. 이해와 득실에 대하여

❋ 우리가 이와 득을 원할 때
타자의 이와 득도 생각해야 한다.
자신이 조금 손해를 봐야 타자가 이득을 볼 수 있지 않겠는가?

❋ 이로움이 있으면 반드시 해로움이 있고
얻는 것이 있으면 예외 없이 잃는 것도 있다.
이와 득을 너무 기뻐할 것 없다.
해와 실도 너무 슬퍼할 것 없다.

❋ 유희와 성취, 술과 건강, 공부와 여행 경험 …
세상 어떤 것도 좋은 면만 있는 것은 없다.
어차피 그러하니
차분히 천천히 인생을 편안하게 살아가는 것이 좋지 않겠는가?

1. 나에 대하여

문제 자신의 목표를 이루는 과정, 꿈을 실현하는 과정에서 얻는 것과 잃는 것에 대하여 생각하고, 설명하시오.

〈얻는 것〉

200자

〈잃는 것〉

400자

2. 고전 읽기: 철학자들의 생각

냉철한 그리고 분노하는

2500년 인류 정신의 생각을 통해
무엇이 진정한 이(利)이고 무엇이 진정한 득(得)인지
성찰해보자.

* Ref: 냉철한 그리고 분노하는, 자유정신사 (2017)

2. 고전 읽기: 철학자들의 생각

1, 지혜의정원에 모이다

떡갈나무가 무성한 오래된 정원에 옛 철학자들, 우리 인류의 정신이 함께 모였다. 인간을 위한 학문을 위해 생을 바친 이들은 시간을 넘어 우리 인간이 가야 하는 길을 이야기할 수 있음을 즐거워했다. 지혜의 신이 이들에게 우리 시대 지상 인간의 고뇌를 해결해줄 것을 요청했던 것이다. 그들의 이야기를 듣기 위해 지상의 사람들도 모여들었다.

천상의 자랑스러운 인류 정신이 여기 모두 모였다. 지상의 사람들이 그들 삶의 억압과 가난 그리고 부조리와 불공평에 대하여 나에게 답을 요청하고 있다.

◉ 지혜의 신, 아테나

"이 오늘은 천민의 것이니, 그 누가 위대함을 찾는가.
바보들만 성공하리니
명예를 위해 천민처럼 일하고 천민처럼 비굴하라."

42. 이해와 득실에 대하여

2. 고전 읽기: 철학자들의 생각

만일, 천민의 명예가 싫다면

그대, 광야에서 굶주리고 늑대와 싸울지라도

천민의 마음 버리고

분노의 걸음 내디디라.

(니체: 짜라투스트라는 이렇게 말했다)

지상은 노예와 천민으로 가득한가.

지상이 억압, 노동과 핍박으로 가득한가.

"시에서 리듬을 제거하면

그리 아름다울 것도 없는 여인이 돼버리는 것처럼

삶은 조화로워야 하는 것."

세상은 천민만의 것은 아니다.

아무리 천민의 세상에서도

어디선가 냉철한 누군가가 삶을 인도할 것이고

그렇게 세상은 정의롭고 또 평등하게 나아갈 것이다.

이번엔 당신 차례이다.

(플라톤: 국가)

2. 고전 읽기: 철학자들의 생각

인간 이성은 항상 최선을 향해 가는 법.

노동과 비굴함도 그곳을 향해가는 인간의 육체와 정신 활동이다.

"그러나 당연히 분노해야 할 일에 대하여

분노해야 할 사람들에 대하여

적합한 때, 적당한 정도 그리고 적당한 동안

분노하는 것은 칭송할 일이니"

그렇지 못한 자는 자신을 보호하지 못하고

모욕을 당하고도 참는 것이며

노예와 천민 같은 자라는 말을 들어도 어쩔 수 없는 일이다.

(아리스토텔레스: 니코마코스 윤리학)

사람들 해방을 위해

그들을 선동, 노예 상태에서 벗어나게 하려는가?

이는 공자가 세상을 인의(仁義)로 다스리려 한 헛수고와 다를 바 없다.

"사람이 기뻐하는 것은 남이 자기와 같아지는 것.

이는 누가 자기보다 뛰어난 것을 싫어하기 때문이다.

2. 고전 읽기: 철학자들의 생각

감히 누가 여러 사람보다 뛰어나겠는가.

다수를 따라야 편안한 법."

천하를 있는 그대로 내버려 두라.

사람들이 이러하면 이런대로, 저러하면 저런대로.

공연히 천하를 편안하게, 공평하게 다스리려 나서지 말라.

세상은 그들이 분노하고 또 알아서 하는 것.

(장자: 재유편)

지금 우리가 개별 실존을 찾기 위해

가장 먼저 회복해야 하는 것은 불평등 상황의 극복이다.

그것은 평등의 진리를 목표로 하기 때문에

대부분 용인(容認)된다.

"우리는 선택으로 존재를 실존화한다.

고귀한 자, 위대한 자를 선택할지

비굴한 자, 비열한 자를 선택할지는

모두, 우리가 결정한다."

이렇게 개별 실존은 변명할 수 없고, 변명해서도 안 된다.

2. 고전 읽기: 철학자들의 생각

"누군가 자유로운 타인이
내 존재를 그의 도구적 대상으로 생각하고
무례하게 행동하는 것을 그대로 묵인함은
매우 굴욕적이다."
또한, 그가 가진 재력과 권력에 의한 부조리를 인내함은
대단히 굴욕적이다.
이 굴욕은 나 자신을 해방하기 위해서 파괴하지 않으면 안 된다.
실존이 무너지면, 우리는 분노하지 않을 수 없다.

(사르트르: 존재와 무)

비판적 통찰은 시대의 부조리를 파악하는 데 중요한 역할을 한다.
그러나 시대가 아무리 타락하고 그것이 마음에 들지 않는다고 해도
그 공동체가 지키고 있는 것들에 대한 존중과 존경은 필요하다.
"우리가 사실은 이 사회에 대하여
아무것도 변혁시킬 수 있는 일이 없는데도
마치 위대한 일을 할 수 있다고 생각하는 것을 보면
참으로 안타깝고 불쌍한 일이다."

2. 고전 읽기: 철학자들의 생각

필요한 것은 무엇을 하겠다는 의지와 구체적 계획이다.

가령, 불평하고 있는 것에 대하여

[남이 아닌 우리 자신에 대한 비판]이 더욱 절실하다.

비판을 통해 남을 변화시키는 것은

한참 추운 겨울에 싱그러운 포도를 구하는 것처럼 어려운 일이라서.

(소크라테스: 향연)

공동체의 부조리에 대하여 개인에게 원인을 돌리는 것은

문제의 본질을 너무 근원적 윤리 문제로 일반화시켜

해결을 불가능하게 하는 것이다.

이것은 어쩌면 민중의 가난과 비참과 노예 상태를 유도하고

그 속에서 이익을 얻는 [사악한 그들]이 원하는 일인지도 모른다.

우리는 필요한 때에, 필요한 만큼, 필요한 것에 대하여

분노해야 하고 또 투쟁해야 한다.

"우리는 평화를 목표로 하지만

투쟁을 그 수단으로 하기 때문이다."

(예링: 권리를 위한 투쟁)

2. 고전 읽기: 철학자들의 생각

우리는 분노해야 한다. 그리고 냉철해야 한다.
냉철함이 결여된 분노는 끝이 뭉툭한 창과 같이
아무것도 위협적이지 않고 오히려 웃음거리일 뿐.
"남을 위해 희생하는 비이기적인 것은
원래 가능하지 않다는 통찰 후에조차
이기적인 것을 혐오하도록 유혹받는다."
[사악한 그들]에게마저 비이기적 희생을 감내하라고 요구한다.
자신의 삶을 찾아 투쟁하는 것
이 필연적인 것이 우리에게는 혐오스러워져 있는 것이다.
삶을 변화시키기 위해서는
철저하고 냉정하게 이 모든 요구를 초극해야 한다.

(니체: 권력에의 의지)

권력과 재력에 대한 불평등을 변화시키기 위해서는
우리는 그들에게 서로 두려움에 근거한 배려의 대상이어야 한다.
만일 그렇지 않다면 그것이 누구라도 두려워하지 말고 분노해야 한다.

42. 이해와 득실에 대하여

2. 고전 읽기: 철학자들의 생각

"우리는 마땅히 찬사를 받아야 할 일에는 기쁨을 느끼고
마땅히 비난받아야 할 일에 괴로워할 줄 알도록
어릴 때부터 오랫동안 교육받아야 한다."

(아리스토텔레스: 니코마코스 윤리학)

위대한 인류 지성이 과연 칠흑 같은 어둠 속에서 잘 보이지 않는 부조리와 싸우는 지상의 사람들에게 드디어 [밝음]을 선물할 것인가? 나는 아름답고 숭고한 분노의 사자를 지상으로 보내야겠다. 자, 이제 지상의 문제에 대하여 그들의 대안을 듣도록 하자.

2. 서로 같아지면 득실도 없어진다

사람들은 어떤 때는 서로 같음을 손해라고 오도(誤導)하고
어떤 때는 이익이라고 강요하기도 한다.
"우리는 항상 누군가에 의해 무엇인가 잘못 알도록 의도되고 있다.

2. 고전 읽기: 철학자들의 생각

규율이라고 명명된 무의식적 억압의 체계가 우리 앎(知)의 심연을 이룬다."
삶의 목표가 잘못 알도록 의도되고 있고
노동의 가치가 잘못 알도록 의도되고 있다.
이제, 숨겨진 억압을 통해 이득을 보는 자들에 대한
조용하고 지속적인 [응징]을 시작해야 할 때이다.

(푸코: 감시와 처벌)

악마인 내가 인간들 편드는 것은 아니지만, 사람들을 억압해서 이익을 얻는 자들도 나름대로 열심히 살고 그 대가를 받는 것인데, 인간의 일에 당신들이 왜 참견인가?

◉ 나태의 악마, 벨페고르

악마여, 들으라! 자유 의지를 가진 인간이라면
억압을 받는 자를 나태함으로 모르는 체 방치하진 않는다.
"우리 행복에서 [양심]은 그렇게 믿을 것이 못 된다.
어느 날 갑자기, 남이 우리를 어떻게 생각할까 하는 것이 떠오르는 데

2. 고전 읽기: 철학자들의 생각

그때 비로소, 그쪽이 훨씬 두렵게 느껴진다.

이렇게 양심의 가책이 나쁜 평판보다 훨씬 눈감기 쉬움을 깨닫는다."

양심의 가책이 무뎌지면 그리고 두려워 몸을 움츠리면

이는 결국, 나와 사랑하는 사람들의 평등한 삶을 무너뜨릴 것이다.

(니체: 즐거운 지식)

나는 보리수나무 아래에서

"모든 고통과 다툼의 근원은

나와 남이 다르다고 생각하는 것에서 옴을 깨달았다."

하나의 예외도 없이, 남이 자유로워야 나도 자유로울 수 있다.

(석가: 금강반야바라밀경)

모두 서로 같은 이상의 세계

그것은 부족한 자들, 가지지 못한 자들의 궤변이다.

강한 자를 중심으로 발전하는 것이 순리인 법.

"보통, 사람은 게으르고 다른 사람에 의지하여

2. 고전 읽기: 철학자들의 생각

자기를 위해 무언가 해주기를 바랄 뿐
스스로 무언가 하겠다는 생각은 별로 없는 법이다.
천 세에 한번 나오는 요순(堯舜)의 군주는 그때 한번 잘 다스리지만
뛰어난 지배자가 법술세(法術勢)로 통치하면 천 세에 한 번만 어지럽다."
이를 어찌 비교나 하겠는가?
다수의 사람이 행복하려면 모두 같아질 수는 없다.
인의(仁義)로 바른 세상을 주장하는 것은
언제 있을지 모르는 잔칫상을 위해 기다리라 하는 것과 같고
덕으로 지혜를 주겠다고 하는 것은 불멸을 주겠다는 말과 다르지 않다.

(한비: 한비자)

인간 통치에 법술세를 적용하는 것은
한 편, 유용하고 논리적이지만
인간 내면의 강력한 [평등을 향한 일반 의지]는
그것을 용납하지 않는다.
그리고 그것이 인간을 악마로부터 지킨다.
인간 불평등은 소득의 분배 구조에 기인한다.

42. 이해와 득실에 대하여

2. 고전 읽기: 철학자들의 생각

세상은 어느새 소득으로 계급화된다.
"배고픔은 자유를 박탈당하는 노예 상태보다
가난을 더 무서워하게 한다."
우리는 가난을 피하기 위해
노예가 될 수밖에 없는 사회는 용서해서는 안 된다.

(루소: 사회계약론)

군중이 얼마나 어리석은가는 역사가 여러 번 보여주고 있다.
"정제되지 않은 민주 정체는 다수의 바보들이 다스리는
경멸할만한 중우(衆愚) 정치이다.
보통 시민은 물질적 욕망을 벗어날 수 없고
무사는 권력과 투쟁에서 자유로울 수 없다.
따라서 공동체는 시민을 통치할 자를 선발하여
평생을 교육하고 육성해야 한다.
이로부터 양성된 지혜와 이성을 중시하는 소수 지혜로운 자
철학자가 공동체를 통치하는 것이다."
모든 사람이 같은 일을 할 수는 없다. 모두 같아지면 모두 어리석어 질 뿐.

2. 고전 읽기: 철학자들의 생각

무조건적 모두 같음은 득보다 실이 많은 법이다.

그러나 이렇게 사람의 기질과 능력에 따라 하는 일을 달리해야 하지만

하는 일이 다르다고 인간의 가치가 같지 않음은 아니다.

(플라톤: 국가)

서로 같음은 가장되어서는 안 된다.

위선은 삶을 절망케 하리니

우리는 거짓 평등에 만족하고 인내해서는 안 된다.

적당하게 사람들을 기만하는 평등은 득보다 실이 많으리니

"베풂 마저 불결케 하는 그 은밀한 욕심 버리고

베풀되 기쁨도 선(善)도 찾지 않는 베푸는 자 되라.

저 계곡 상록수가 하늘을 향하여 맑은 공기와 향기 풍기듯.

사람들에게 자존심을 상처받게 하여

초라하게 된 그들 모습과 그 가치와 그 일그러진 얼굴을 보고

그대들은 즐거운가."

평등을 가장하여 사람들을 참담하게, 슬프게 하지 말라.

(칼릴지브란: 예언자)

2. 고전 읽기: 철학자들의 생각

천상의 인류 정신은 지상의 사람들에게 "잘못 알도록 의도된 억압, 나와 남이 다르다는 생각에 기원하는 다툼, 모두 행복하기 위한 평등의 양보, 가장된 평등의 참담함"에 대하여 지상에 전하고 있다. 지혜의 신으로서, 나는 지상의 사람들에게 이렇게 말한다.

"서로 같음이 싫다면 숨쉬기도 싫어야 할 것이니
맑고 청명한 공기는 그것을 끊임없이 알려준다."

▣ 서로 같아지면 득실도 없어진다.

3. 나 혼자 자유로운 건 오히려 슬픈 일이다

유학자들의 도덕적 가르침은 평등을 파괴하니
평등적 자유를 목표로 하는 일반 진리는
자유 정신을 가진 평등한 민중을 통해서만 비로소 가능하다.
"요순을 기초로 하는 인의(仁義) 정치는
선왕들이 이미 베풀어놓았던 것들을 주워다가
사람들을 가르치려 하고 있다.

2. 고전 읽기: 철학자들의 생각

옛날과 지금은 육지와 바다의 차이만큼이나 커서

이를 흉내 내는 것은 배를 뭍으로 밀고 가는 것과 같아

수고롭지만 공(功)이 없다.

미인 서시(西施)가 심장병으로 가슴을 쥐고 눈살을 찌푸리니

동네 여자들이 이를 보고 모두, 가슴을 움켜쥐고 눈살을 찌푸렸다.

인의(仁義)는 하룻밤 정도는 괜찮으나 오래 묵지는 말지어다.

부(富)를 추구하는 자는 남에게 양보하는 일이 없고

명예를 추구하는 자는 명성을 남에게 주지 않으며

권력을 추구하는 자는 자리를 남에게 넘겨주지 않는다.

이런 것들을 가지면 잃을까 두려워하고 잃으면 슬퍼하니

나 혼자만 자유로우려다 매일 하늘의 무게에 짓눌리는구나.

지혜로운 자는 간소히 생활하여 살기를 편히 하고

얽매임 없이 소요하여 막힘이 없으며

남에게 베푼다는 생각이 없으므로

자기 것을 내어놓는 것을 손바닥 뒤집듯 한다."

스스로 조화롭지 못하고서, 어찌 남과 조화되겠는가?

조화롭지 못한 자가 백성을 이끌도록 내버려 두지 말라.

(장자: 천운편)

2. 고전 읽기: 철학자들의 생각

목적이 수단을 정당화한다.

사람을 통치하기 위해서는 필요에 따라 두 얼굴을 가져야 한다.

"인간이란 매우 간악하다.

비겁하여, 사소한 모욕에는 화를 내도

엄청난 힘에는 화를 내지 못하고

정의도 자기의 이익 앞에서는 소용없으며

남 앞에서는 선한 일을 하지만

드러나지 않을 때는 나쁜 짓을 함은 물론이고

아버지의 원수는 용서해도

재산에 손해를 끼친 자는 용서하지 못한다.

사람은 이렇게 못되고 흉악한 족속이다."

이런 사람들이 스스로 열심일 리 없고

내버려 두면 많은 사람의 자유를 해치고 억압할 것이다.

군주에게 필요한 것은 선함이 아니라 그들을 억압, 통제할 탁월함이다.

군주는 사랑받는 자가 아니라 두려움의 대상이어야 한다.

모두 평등하게 대한다면 세상은 악의 지옥으로 변할 것이기에.

(마키아벨리: 군주론)

2. 고전 읽기: 철학자들의 생각

마키아벨리 선생, 어떤 한 인간이 사람 모두를 다스릴 수 있는 탁월함과 용기를 가질 수 있을 것으로 생각하는가? 그런 인간을 나는 거의 본 적이 없다. 만일 그들이 '수단, 방법을 가리지 않고' 평화로운 듯 보이는 체제를 유지할 목적으로 악을 저지른다면 선을 위장한 악일 뿐. 물론 나는 환영하지만.

인간의 사악함은 힘으로 다스리면
더욱 흉악한 세상이 되리니
탐욕의 어둠 속 세상을 억압으로 다스리기보다
선함의 밝은 빛으로 그곳을 밝히는 것이 엄정한 길이다.
우리는 아무런 대가가 없을 때 더욱 희생적이고
지혜로운 자는 대가를 바라고 목숨을 걸지는 않는 법.
아무것도 바라지 않고 선함의 불빛을 발하는 자들이
지금도 아무도 모르게 실제 세상을 다스리고 있다.
힘센 군주가 되어 세상을 다스리려 생각하지 말라.
"친구는 적고 지킬 것이 많으면

42. 이해와 득실에 대하여

2. 고전 읽기: 철학자들의 생각

두려움에 떨어야 할 것이니."

(석가: 법구경)

"일정한 불평등은 권리의 존치를 위해 불가피한 조건이다.
인간은 이성적 인물, 전투적 인물 그리고 평범한 인물로 구분되고
평범함을 추구하는 평범한 자들에게는 평범한 것이 행복이니
불만 없음을 뒤집어 놓고 시기심과 원한을 가르칠 필요 없다.
부당한 것은 불평등이 아니라 평등한 권리.
가장 높은 계급, 소수자 이성적인 자에게만
아름다움과 너그러움이 허용되니
아름다움은 소수자의 것이고, 너그러운 선(善)은 높은 계급의 특권이다.
우리 모두가 자유 정신을 원하는 것도 아니니
그냥 주어진 범용한 삶을 살고 싶은 범용한 사람도 많은 법."
그들은 범용한 삶을 살 수 있도록 탁월한 자들이 이끌기를 원하니
모두 평등할 필요 없고 평등해서도 안 된다.
물론, 잊지 말 것은 그 불평등은 그가 원할 때만이라는 조건.

(니체: 반시대적 고찰)

2. 고전 읽기: 철학자들의 생각

"나이가 들면 얼굴도 얼굴이지만 마음에 더 주름이 잡혀

시끄럽고 곰팡이가 피지 않기란 드문 일이니

이렇게 사람은 성장을 위해서도 또 쇠퇴를 향해서도 전력이다.

소크라테스의 슬기로움을 생각할 때

풍부한 정신 작용과 명석함이 둔하게 되는 것이 눈앞에 있어

일부러 죽음을 선택하였는지도 모른다."

아주 어릴 때는 평등을 추구할 필요도 없이

모두 그렇게 생각하고 행동한다.

평등을 파괴함에 있어 나이 듦은 누구도 피할 수 없이

서서히 다가오는 무서운 병이다.

나이가 들면 자신이 꽤 다르다는 것을 나타내려고 안달이니까.

평등을 부정하기 시작하게 되면 사람들도 서서히 그 모습을 감추니

그것을 더디게 할 비상한 대책을 세울 일이다.

(몽테뉴: 수상록)

서로 같음을 추구하는 용기 있는 삶을 위해

42. 이해와 득실에 대하여

2. 고전 읽기: 철학자들의 생각

누군가, 무엇인가 두려울 때 그것이 정당한 것인가 생각해 봐야 한다.
"합당한 것도 아닌데 겁을 내어 아무것도 하지 않으면
우리는 아무짝에도 쓸모없게 되리니.
협잡꾼들이 크든 작든 손해가 될 것으로 위협한다 해도
부조리한 억압을 단호히 무시하고, 그것으로 안되면 응징해야 한다."
두려움을 떨쳐내려면 그 부당함에 냉철히 분노해야 한다.

(헤세: 데미안)

인류 정신은 지상의 사람들에게 "아무것도 바라지 않는 선한 베풂, 불평등이 필요한 경우들, 나이 듦에 따른 경고, 부조리에 대한 정당한 분노"에 대하여 전한다. 지혜의 신, 아테나는 지상의 사람들에게 이렇게 말한다.

"자유로우려면 같이 즐거워해 줄 사람이 필요하다.
평등은 자유를 억압하는 것이 아니라, 자유의 첫 번째 조건이리니."

"정원 속 이름 없는 작고 동그란 열매는 이미 붉은색이고
가벼운 미풍에 흔들리는 나뭇잎은 조금씩 노랗게 변해 간다.
모두 이렇듯 평등하다."

📖 나 혼자 자유로운 건 오히려 슬픈 일이다.

2. 고전 읽기: 철학자들의 생각

문제 1 각 철학자들이 말하는 핵심 내용을 설명하시오.

✤ 1. 지혜의 정원에 모이다

1.

2.

3.   200자

4.

5.   400자

6.

7.

                                                                                                600자

2. 고전 읽기: 철학자들의 생각

문제 1 각 철학자들이 말하는 핵심 내용을 설명하시오.

❖ 1. 지혜의 정원에 모이다

8.

9.

10.

❖ 2. 서로 같아지면 득실도 없어진다

1.

2.

3.

2. 고전 읽기: 철학자들의 생각

문제 1 각 철학자들이 말하는 핵심 내용을 설명하시오.

♣ 2. 서로 같아지면 득실도 없어진다

4.

5.

6.　　　　　　　　　　　　　　　　　　　　　　　　　　　　　　　200자

7.

8.　　　　　　　　　　　　　　　　　　　　　　　　　　　　　　　400자

9.

10.　　　　　　　　　　　　　　　　　　　　　　　　　　　　　　600자

2. 고전 읽기: 철학자들의 생각

문제 1 각 철학자들이 말하는 핵심 내용을 설명하시오.

❈ 3. 나 혼자 자유로운 건 오히려 슬픈 일이다

1.

2.

3.

4.

5.

6.

7.

2. 고전 읽기: 철학자들의 생각

문제 1 각 철학자들이 말하는 핵심 내용을 설명하시오.

✤ 3. 나 혼자 자유로운 건 오히려 슬픈 일이다

8.

9.

10.   200자

                                                             400자

                                                             600자

2. 고전 읽기: 철학자들의 생각

문제 2 자신이 행복하려면 어떤 생각을 가져야 하는가? '이해와 득실'의 관점으로 자신의 철학적 생각(지혜, 교훈)을 논하시오. (600자)

✤ 5명 이상, 여러 철학자의 생각을 참고, 인용하여 작성할 것

3. 주제 토론: 이해와 득실에 대하여

겨울이 오면
태양은 드디어 그 따뜻함을 드러낸다.

〈위 내용을 바탕으로 '이해(利害)와 득실(得失)'에 대해 논하시오. (400자)〉

3. 주제 토론: 이해와 득실에 대하여

20대 젊은이도
자신을 가꾸는데 열중일 때 비로소 아름답다.
아름다움은 가꾸는 자의 것이다.
물론, 적당히.

〈위 내용을 바탕으로 '이해(利害)와 득실(得失)'에 대해 논하시오. (400자)〉

4. 천자문 (42/125)

上(위 상) 和(조화 화) 下(아래 하) 睦(화목할 목)
위 가 서로 존중하고 화합함으로써 아래가 화목하다.

夫(남편 부) 唱(부를 창) 婦(부인 부) 隨(따를 수)
서로 부르고 응하는 모습처럼 서로가 존중해야 한다.

상화하목   부창부수
上和下睦 하고   夫唱婦隨 하라.

즐거움은 서로 존중하는 곳에서만 가능하다.

[한자 세 번, 뜻 한 번을 쓰시오]

4. 논어 (論語)

위정편(爲政篇)

자 절사
子 絶四 하니

무의　무필　무고　무아
無意 無必 無固 無我 라.

공자께서 네 가지를 피하셨으니, 마음대로 하는 일이 없었고,
집착하지 아니하고, 고집을 안 부리고, 자기를 내세우는 일은 없으셨다.

군자는 있는 것보다
없는 것이 많아야 한다.

[한자 두 번, 뜻 한 번을 쓰시오]

인문고전 추천 42

냉철한 그리고 분노하는

　이 책은 2,500년 동안 인류를 이끈 대표적 지성의 저서 내용을 우리 시대 가장 중요한 네 가지 질문에 맞추어 분류, 재구성한 것이다. 이 책에서 매력적인 정신을 만나면 그들 원전의 일독(一讀)을 권한다. 이 책을 통해 드러나지 않고 숨어있는 인류 정신의 저술이 독자들 손에 많이 들리기를 기대한다.

〈내용〉

내 가치는 저 사람보다 못한 것인가

우리는 왜 마음대로, 생각한 대로 살 수 없는 것인가

우리는 왜 공평한 대우를 받지 못하는가

나에게 국가와 권력은 도대체 무엇을 해주는가

나는 왜 가난한가

나는 왜 꿈이 없는가

42. 이해와 득실에 대하여

독서노트 (34)

['냉철한 그리고 분노하는'에 흐르는 정신(교훈)에 대하여]

1. 저자
   : 자유정신사

2. 도서
   : 냉철한 그리고 분노하는 (1~2장)

3. 독서 노트
   (1) 중요하게 생각되는 8가지 이야기를 제목을 정하고 요약 기술하시오. (800자)
   (2) '냉철한 그리고 분노하는(1장)'에 흐르는 3가지 정신(교훈)에 대하여 기술하시오. (300자)

4. 기간
   : 2주

독서노트

(1) 중요하게 생각되는 8가지 이야기를 제목을 정하고 요약 기술하시오.
(각 100자)

1.

2.

200자

3.

400자

4.

600자

독서노트

(1) 중요하게 생각되는 8가지 이야기를 제목을 정하고 요약 기술하시오.
 (각 100자)

5.

6.

7.

8.

독서노트

(2) '냉철한 그리고 분노하는(1~2장)'에 흐르는 3가지 정신(교훈)에 대하여 기술하시오. (300자)

1.

2.

3.

Summary

1. 나에 대하여
: 자신의 목표를 이루는 과정, 꿈을 실현하는 과정에서 얻는 것과 잃는 것에 대하여 생각하고, 설명하시오.

2. 고전 읽기
: 냉철한 그리고 분노하는, 철학자들의 이야기

3. 주제 토론
: 이해와 득실에 대하여

4. 천자문 / 논어

5. 독서 노트
: 냉철한 그리고 분노하는 (1~2장)

이해와 득실에 대하여

✱ 42. 이해와 득실에 대하여 자신의 생각을 종합하시오.

오늘 저녁 잔칫상을 위해 점심을 거를 수는 있다.
그러나 언제 있을지도 모르는 잔칫상을 위해
계속 굶을 수는 없는 일이다.
행복을 위한 꿈은
그것이 너무 멀리 있으면
악마의 꿈이다.

- 진리의서, 자유정신사-

43. 합리적 계책에 대하여

자신의 인생에 대한 교묘한 계책이 있는가?

43. 합리적 계책에 대하여

❋ 합리적 계책이란 목적을 이루기 위해
준비하고 계획하는 모든 것들이다.
1. 자기 능력과 힘의 준비 및 향상
2. 주변 사람들과의 협력
3. 사회적 상황 적극적 수용 및 활용
4. 지역, 연령, 성별, 성격에 적합한 최선책 선정
5. 단기적, 장기적 관점 준비 및 활동
6. 달성 불가능한 경우를 대비한 대안 준비
7. 정의로움과 도덕적 선을 잃지 않는 마음
8. 힘이 있을 때는 싸우고 약할 때는 물러나 방어, 힘을 준비
9. 타자를 이용하여 상대의 힘을 약하게 하도록 도모
10. 끝까지 포기하지 않고 자신의 목표를 위해 도모

❋ 자신이 목적하는 바가 있으면서
그것을 이루기 위한 합리적 계책이 없다면
대부분 성공할 수 없다.

1. 나에 대하여

문제 자신의 목표를 이루는 과정, 꿈을 실현하는 과정에서 준비 중인 '합리적 계책'에 관하여 생각하고, 설명하시오. (400자)

200자

400자

2. 고전읽기: 나관중, 삼국지

나관중　　삼국지 (적벽 대전)

삼국지는 우리 삶에서
합리적 계책의 필요성과 효용성을
역사적 사실과 소설을 통해
인식하게 한다.

2. 고전읽기: 나관중, 삼국지

이야기는 184년(후한 영제 원년)으로부터 280년(진 무제 원년)에 이르기까지의 이른바 삼국 시대를 배경으로 하고 있다. 삼국지연의는 기본적으로 유비, 공명이 주인공이며, 모든 에피소드는 유비와 공명을 중심으로 진행된다.

황건적의 난
유비, 관우, 장비의 도원결의
황건적 토벌
동탁 타도를 위한 제후 연합군의 봉기(동탁 토벌전)
여포와 원술의 활약
강동(江東)의 영웅 손책의 등장
조조와 원소의 대결(관도 전투)
유비와 제갈량의 만남
적벽 대전 ································ 43강
유비의 익주 획득
유비-손권 간의 형주 문제
관우와 장비의 잇따른 죽음
삼국 정립
유비의 죽음
제갈량의 남만 정벌
출사표
촉한과 위의 숙명적 대결
제갈량의 죽음과 사마의의 낭패
…

2. 고전읽기: 나관중, 삼국지

※ Page 별로 한 문장씩 밑줄을 그으면서 읽으시오.

적벽대전

1. 공명, 화살을 얻다.

주유의 요청을 받은 노숙은 공명이 있는 배로 갔다. 공명은 노숙을 환영했고 두 사람은 앉았다. 노숙이 먼저 말했다.
"매일 나는 군사 업무에 열중하여 오랫동안 방문할 수 없었습니다."
공명이 말했다.
"도독의 공적을 축하드리러 갔어야 하는데 나도 못 찾아갔습니다."
노숙은 아무것도 아닌 척한다.
"축하라니, 무슨 일로 말입니까?"
공명은 미소로 대답한다.
"도독이 내가 알았는지 몰랐는지 알아보도록 선생을 보낸 일, 바로 그 일입니다."
노숙은 놀라, 그의 얼굴빛이 바뀌었다.
"어떻게 아셨습니까?"
공명이 말했다.
"도독이 장간을 조정해 조조를 속임수에 들게 했지만, 조조도 아마 늦게라도 그 사실을 깨달았을 것입니다. 허나 조조는 자기 잘못을 인정하지 않을 겁니다. 어쨌든 그 계책으로 채모와 장윤, 두 장수

2. 고전읽기: 나관중, 삼국지

가 죽었으니, 동오는 이제 더 이상 걱정이 없습니다. 그러하니 어떻게 공적을 평가 드리지 않을 수 있겠습니까? 조조는 모개와 우금을 수군 도독으로 삼았다는데, 조조의 수군은 아마, 곧 두 장수의 손에 망할 것입니다."

노숙은 오랫동안 할 말을 잃고 조용히 앉아 있다가, 공명에게 인사하고 일어섰다. 공명은 노숙에게 조용히 부탁했다.

"내가 이미 이번 계책을 알고 있었다고 공께서는 주유에게 절대 말하지 마십시오. 투기하는 마음이 생겨 나를 죽이려 들까 두렵습니다."

노숙은 알겠다고 하면서 돌아섰지만, 막상 주유를 만나니, 그는 사실을 말하지 않을 수 없었다. 공명이 예측 한 대로 주유는 깜짝 놀라 이렇게 말했다.

"공명을 그대로 남겨둘 수 없다. 오나라의 미래를 위해 내 공명을 반드시 죽이고야 말겠다."

노숙이 만류했다.

"공명을 없애면 제일 좋아할 사람은 조조일 것입니다."

"구실을 만들어 공명을 죽이려 하니 두고 보시오. 그가 죽어도 원망하지 않을 구실을 만들 것이오."

"무슨 구실로 공명을 죽인다는 겁니까?"

노숙이 당황하여 묻자 주유가 말한다.

"지금은 비밀이고, 내일이면 알게 될 테니, 그냥 지켜보시오."

이윽고, 다음날 주유는 모든 장수를 막사에 모아놓고 공명의 출석을 청하는 사람을 보냈다. 공명은 기꺼이 참석했다. 자리를 정해

2. 고전읽기: 나관중, 삼국지

앉자, 주유가 공명에게 이렇게 물었다.

"조조와의 전투가 곧 있을 것이지만, 수전을 위해서는 어떤 종류의 병기가 가장 필요할까요?"

공명은 주저 없이 대답했다.

"화살이 넓은 강에서의 전투에는 최고이지요."

"과연 선생의 생각은 저와 일치합니다. 하지만 지금 군중에 화살이 충분하지 않기 때문에, 힘드시겠지만, 선생이 화살 십만 개를 만들어 싸움에서 사용할 수 있도록 도와줄 수 있겠습니까? 너무나 중요한 사항이라 그러하니, 부디 거절하지 마십시오."

공명은 아무렇지도 않게 대답한다.

"도독이 부탁하는데 내 어찌 몸을 사리겠습니까? 언제 화살 십만개를 쓰실 생각입니까?"

"열흘 안에 준비해 줄 수 있겠소?"

"조조 군이 내일이라도 쳐들어올지 모르는 시기에 열흘 동안이나 준비한다면, 전쟁에서 실기할 것입니다."

"그렇다면, 얼마 만에 된다는 말이오?"

"사흘 안에 화살 십만 대를 만들어 드리겠소."

주유가 정좌를 하고 진중하게 말했다.

"진중에는 희언이 없으니, 공명께서는 그 약속을 반드시 지켜야 할 것이오."

"도독에게 내가 어찌 감히 함부로 말하겠소. 증거로써 군령장을 쓸 터이니, 그때까지 화살이 못 만들게 되면 중벌을 받겠소."

주유는 속으로 일이 예상대로 잘 진행되고 있음을 기뻐하고 즉

2. 고전읽기: 나관중, 삼국지

시 군사를 불러 바로 그 자리에서 제갈량의 군령장을 받았다. 그런 다음 그는 잔치를 베풀고 공명과 함께 연회를 즐겼다.

"이번 일을 잘 마치면, 그 노력에 별도의 큰 답례를 드리겠소."

공명이 말했다.

"오늘 늦어 일할 수 없으니, 내일부터 일을 시작하겠습니다. 사흘째 날에 군사 오백 명을 남쪽 강가로 보내 화살을 전부 수거해 가시오."

공명은 주유와 함께 몇 잔의 술을 마신 후, 병영을 떠나 처소로 돌아갔다. 노숙은 너무 어처구니가 없어서, 공명의 뒷모습을 보고 주유에게 말했다.

"저 사람, 거짓말 아닐까요?"

주유는 말했다.

"죽기를 스스로 자초하고 있소. 내가 억지로 만든 것이 아니오. 많은 사람들 앞에서 문서까지 썼으니, 공명이 날개가 있다고 해도 어쩔 수 없을 거요. 내가 필요한 재료를 제때에 준비해 주지 않을 것이고 장인들에게 일을 하지 말라 할 것이니, 제아무리 공명이라도 기한이 지나지 않을 수 없을 것이오. 그가 그때 가서 사죄하고 어떤 변명을 해도 소용없는 일이요. 귀공은 공명이 무엇을 하고 있는지 보고 나에게 보고해 주시오."

노숙이 방문하니, 공명은 그에게 원망을 했다

"이럴 줄 알고 내가 자경께 주유에게 사실대로 말하지 말라고 부탁하지 않았습니까? 주유가 그것을 알면 반드시 나를 죽일 것이라고 하면서 부탁했거늘, 그대로 말해 버리는 바람에 오늘 이런 일이

2. 고전읽기: 나관중, 삼국지

일어나지 않았소. 사흘 안에 어떻게 십만 개의 화살을 만들겠소? 그러니 공이 나를 좀 도와주시오."

노숙이 말했다.

"선생이 스스로 화를 자초하시고, 왜 나더러 구해달라고 하시나요?"

공명은 주위를 둘러보고 은밀하게 말한다.

"한 가지 부탁할 것이 있소. 공은 나에게 배 이십 척만 빌려주시오. 각 배에 삼십 명의 군사를 태우고, 배 위에 푸른 천으로 가림막을 만든 다음, 그 안에 건초 더미 천 개씩을 배 양편으로 쌓아 올려 두시오. 만약 그렇게만 해주시면, 내가 계책을 써서 사흘 안에 확실히 화살 십만 대를 구해 놓겠소. 제발 이번 만은 주유에게 말하지 말아 주시오. 만일, 그가 알게 된다면, 모든 계획은 허사가 될 것이오. 조조와의 전쟁에 중요한 사항이니, 이번에는 약속을 지켜 주시오.

노숙은 지난 번 일로 공명에게 면목도 없고 해서 공명이 해달라는 대로 해주겠다고 약속했다. 그러나 계획이 무엇인지는 결국 알 수 없었다. 노숙은 주유에게 돌아와서 공명이 배를 빌려 달라고 한 말은 하지 않고 이렇게 말했다.

"공명은 대나무, 깃털, 아교, 옻을 사용하지 않고, 약속한 시간 내에 십만 대의 화살을 준비할 수 있는 방법이 있다고만 합니다."

그 말을 듣고 주유도 의심스러운 생각이 드는 것 같았다.

"어쨌든, 사흘 후에 어떻게 되는지 봅시다."

노숙은 물러나자마자 즉시 쾌선 이십 척과 각 배별로 삼십 명의

2. 고전읽기: 나관중, 삼국지

군사를 대기 시켰다. 그리고 배에 파란 천을 덮고 잔디 더미를 안쪽 양쪽에 놓은 후, 공명의 지시를 기다렸다.

첫날에는 지시나 움직임이 없었다. 그 다음 날도 지나갔고, 사흘째 되는 날 새벽 사경 무렵, 공명은 사람을 보내 노숙에게 방문을 청했다. 노숙이 공명에게 와서 물었다.

"갑자기 무슨 일로 부르셨소?"

공명은 미소로 대답했다.

"같이 화살을 가지러 가려고 불렀습니다."

"어디로 가서 가지고 옵니까?"

"그냥 따라오시면 자연스럽게 알게 됩니다."

공명은 즉시 군사들에게 긴 밧줄로 스무 척의 쾌선을 걸어 묶도록 명령했다. 그리고 북쪽으로 향해 가는데, 짙은 안개가 하늘과 땅을 덮었으므로 강 한가운데서 서로 마주해도 서로를 알아볼 수 없을 정도였다. 공명은 밧줄로 연결된 스무 척의 배가 앞으로 나아가도록 했지만, 안개는 갈수록 점점 더 짙어졌다.

2. 고전읽기: 나관중, 삼국지

짙은 안개를 통해 배는 오경쯤에 조조의 수채 근처에 도달했다. 공명은 병사들에게 서쪽에 뱃머리를, 동쪽에 배 후미를 향하도록 하고 일자로 늘어서도록 명령했다. 그런 다음 군사들에게 어지럽게 소리 지르고, 북을 부지런히 울리라고 명령했다. 노숙은 깜짝 놀라서 묻는다.

"조조 군인들이 한 번에 쏟아져 나오면 어쩌려고 이리 소리를 울려대시오?"

공명은 미소로 대답했다.

"아무리 조조라 해도 이 두꺼운 안개 속으로 군인들을 어떻게 내보내겠소? 우리는 술이나 마시면서 안개가 맑아질 때까지 기다려 돌아갑시다."

한편 조조의 수채에서는 갑자기 북소리와 군사들의 함성 소리에 놀라, 모개와 우금 두 사람은 급히 조조에게 보고했다. 조조는 즉시 아래와 같이 명령을 내린다.

"짙은 안개를 이용해 오의 군사가 쳐들어오는 것을 볼 때 반드시 매복을 쓸 것이다. 급하게 움직이지 말고, 해군 궁수들에게 한 번에 활을 쏘게 하여 방어토록 하라."

조조는 전령을 육지로 보내, 장요와 서황에게 각기 삼천 명의 궁수를 이끌고 강가로 달려 주둔한 후, 기습한 강동의 군사들에게 활을 쏘아 수군을 도울 것을 명했다.

2. 고전읽기: 나관중, 삼국지

　조조의 명을 받자 모개와 우금은 궁수에게 조조의 수채 앞에서 활을 쏘라 명령했다. 얼마 후 장요와 서황도 궁수들과 함께 육지에서 도착해, 모두 만 명 이상의 군사들이 모두 배를 향해 동시에 활을 쏘아대니, 말 그대로 화살이 비 오듯 떨어졌다.

　조금 지나자, 이번에는 반대로 공명은 뱃머리를 동쪽으로, 선미를 서쪽으로 향하도록 명했다. 그런 다음 조조의 수채 근처로 향해 군사들로 하여금 계속 북을 치고 함성을 지르게 하고, 화살을 배 위의 건초 더미에 받았다.

　드디어 해가 강에서 떠오르고 그와 함께 안개가 조금씩 사라졌다. 공명은 서둘러 쾌선의 방향을 돌려 돌아갔다. 이십 척의 양측에 세워진 풀 더미에는 화살이 가득 박혀 있었다. 공명은 군사들에게 일제히 외치도록 명했다.

　"승상, 화살 감사합니다!"

　조조가 이 사실을 알고 급히 쫓을 때에는 강동의 배 이십 척은 배가 가볍고, 물살은 빨라, 이미 멀리 도망친 후였다. 조조는 땅을 치며 속았다고 후회하고 또 후회했다.

　공명은 돌아가는 배를 타고 노숙에게 이야기했다.

　배당 오륙천 대의 화살이 있기 때문에 강동은 하룻밤 사이 십만 개의 화살을 획득한 셈이오. 이 화살로 조조의 군대를 오히려 공격할 수 있으니 얼마나 좋은 일이오."

　노숙은 말했다.

　"선생은 참으로 신기의 묘를 가지셨군요. 오늘 안개가 이렇게 낄 줄은 어떻게 알았습니까?"

2. 고전읽기: 나관중, 삼국지

"사람을 이끌면서 천문을 통달하지 않고, 지리를 모르며, 기문을 모르고, 음과 양을 깨우치지 않고, 군의 진도를 볼 수 없고, 병세에 밝지 않으면, 그 자격이 없는 법이요. 나는 이미 사흘 전에 오늘 안개가 짙다는 것을 알고 있었으므로 기한을 사흘로 정한 것이오. 나는 주유가 열흘 만에 화살 십만 만개를 만들어달라고 부탁하고서는 장인들과 필요한 재료를 모두 주지 않다가 열흘이 되면 군령장을 보여주며 날 죽일 것이라는 것은 이미 알고 있었소이다. 그러나 사람의 목숨은 하늘을 담당하고 있는데 어떻게 도독이 나를 함부로 죽일 수 있겠소?"

노숙은 공명의 말에 깊은 감명을 받아 자리에서 일어나 큰절을 했다.

배가 언덕에 이르렀을 때, 주유가 보낸 오백 명의 군사들이 강가에서 화살을 운반하기 위해 배를 기다리고 있었다. 그들에게 공명이 명했다.

"배에 십만 개가 족히 넘는 화살이 있으니, 모두 가져가서 도독에게 전하도록 하라."

노숙은 먼저 주유에게 가서 공명이 화살을 얻은 방법을 자세히 설명했다. 주유는 그 말을 듣고 크게 놀라고 크게 한숨을 쉬면서 이렇게 말했다.

"이를 어찌하랴. 공명의 신기묘산은 내가 감히 따를 수가 없구나!"

2. 고전읽기: 나관중, 삼국지

문제 1 (1) 등장 인물을 모두 도출하고 (2) 도출한 등장 인물이 모두 들어가도록 내용을 요약, 정리하시오. (각 300자)

(1) 등장 인물

200자

(2) 핵심 내용

400자

600자

2. 고전읽기: 나관중, 삼국지

2. 사항(詐降)지계, 장계취계(將計就計), 고육(苦肉)지계

얼마 후, 공명은 주유를 만나러 진영으로 들어갔다. 이때 주유가 급히 내려와 공명을 맞이하였다.

"선생의 신기묘산은 정말 감복할 따름입니다."

주유가 칭찬을 아끼지 않자, 공명이 말했다.

"작은 계책인데, 어찌 신묘하다 할 수 있겠습니까? 과찬의 말씀이오."

주유는 공명과 함께 술을 마시며 이렇게 말했다.

"어제, 오나라 주공께서 사람을 보내서 빨리 출병할 것을 촉구했지만, 아직 어떻게 해야 할지 계책이 없으니, 선생의 가르침을 받고 싶소."

공명은 겸손하게 이렇게 말했다.

"내 작은 재주뿐인데, 어떻게 묘한 계책이 있겠소?"

주유은 공명 가까이 다가가 조용히 말했다.

"조조의 본진은 매우 엄격하고 질서가 정연해 쉽게 공격하기 어려울 것 같소. 나는 속으로 한가지 계책을 생각했지만, 그것이 올바른 방법인지는 아직 결정을 못 하겠소. 선생께서 나를 위해 무언가 계책을 알려주시오."

"자, 그럼, 말하지 말고 서로의 손바닥에 계책을 써서, 그 뜻이 어떠한지 보기로 합시다."

주유는 매우 만족하여, 즉시 붓과 벼루를 가져오게 하여 먼저 자신의 손바닥에 글자를 쓴 다음, 공명에게 붓을 주었다. 공명 또한 손바닥에 조용히 글자를 쓴 다음, 두 사람은 서로 가까이 다가가 앉아

2. 고전읽기: 나관중, 삼국지

각자 손바닥을 열어 보였다. 그들은 서로의 손바닥에 있는 글자를 보고 큰 소리로 웃었다. 두 사람 모두 손바닥에 불 화(火)자가 있었다. 주유가 말했다.

"우리 둘은 같은 의견을 가지고 있으며, 이제 다시 의심할 여지가 없소. 이를 누설하지 마시오."

공명이 답한다.

"어찌 우리 두 나라 사이의 공사를 누설하겠소? 나는 조조가 우리 계책에 두 번이나 속아 피해를 당했지만, 그는 여전히 방어가 허술하오. 도독께서 작전을 시작해도 큰 어려움 없이 공을 달성할 수 있을 것이라 생각하오."

두 사람은 한참 후 술자리에서 헤어졌지만, 그 자리에 있었던 장수들은 두 사람의 계책을 알지 못했다.

한편, 조조는 어이없이 십오육만 개의 화살을 잃은 후, 엄청나게 화를 내었지만, 기분이 계속 울적했다. 그때 순유가 한 가지 계책을 내놓았다.

"현재 강동은 주유와 제갈량, 두 사람이 협력하여 이런저런 계책을 쓰고 있어서, 쉽게 공격하기 어렵습니다. 따라서 동오에 사람을 거짓 항복(詐降) 하게 하여 보내고, 내부를 염탐하여 우리와 내통하여 일을 도모하는 것이 좋을 것 같습니다."

조조는 말한다.

"나도 그렇게 생각하는 참이다. 그렇다면 우리 군에서 누구를 보내는 것이 좋겠나?"

2. 고전읽기: 나관중, 삼국지

"채모가 모함으로 참수를 당하기는 했지만, 채씨 문중 사람들은 모두 우리 군중에 살고 있습니다. 채모의 동생들인 채중과 채화는 지금 수군 부장으로 있습니다. 승상이 그들에게 은혜를 베풀고 마음을 붙든 후, 그들을 거짓 항복하게 하면, 원한을 품고 있다고 생각해서, 동오에서는 그들을 의심하지 않을 것입니다."

조조는 순유의 말을 받아들여 채중과 채화를 그날 밤 진중으로 소환해 말했다.

"두 사람은 작은 병력을 가지고 동오로 가, 거짓으로 항복하고 그곳에 머물면서 그들의 움직임을 비밀리에 알리도록 해라. 일이 잘 진행되면 큰 상과 높은 직책을 내릴 것이니, 딴마음 품지 말고 최선을 다하라."

채중과 채화가 대답했다.

"처자식이 모두 여기 형주에 있는데, 다른 마음이 감히 들겠습니까? 승상은 의심하지 않으셔도 됩니다. 저희들이 꼭 주유와 제갈량의 머리를 승상께 바치겠습니다."

조조는 기뻐하며 성대하게 상을 내렸다. 다음날 채중과 채화는 약 오백 명의 군사들과 함께, 세 척의 배에 나누어 타고 강동으로 떠났다.

한편 주유는 부하 장수들과 출정 계획을 논의하고 있는데, 급히 한 사람이 들어와 고했다.

"강북에 몇 척의 배가 도착했는데, 채모의 동생, 채중과 채화가 항복하러 왔다고 전합니다."

주유는 즉시 두 사람을 데려오게 했다. 채중과 채화가 엎드려 울며 억울함을 토로한다.

2. 고전읽기: 나관중, 삼국지

"저희 형, 채모는 아무 죄 없이 조조에 의해 참수당했습니다. 도저히 분해 견딜 수 없어, 저희 두 형제는 형제의 원한을 갚기 위해 왔습니다. 도독이 거두어 주시면, 목숨을 걸고 선봉에 서겠습니다."

주유는 두 사람에게 후한 상을 주었고 즉시 감녕에게 그들에게 선봉대 역할을 주도록 명했다. 두 사람은 절을 올리고 속으로 심히 기뻐했다.

'주유가 우리 계책에 넘어왔다!'

그들이 돌아가자, 주유는 몰래 감녕을 다시 불러 명을 내렸다.

"채중과 채화 두 사람은 가족과 함께 항복하지 않았기 때문에 조조가 그들을 정탐꾼으로 보냈다는 것은 분명하다. 내가 장계취계(將計就計)하여 우리의 거짓 정보를 조조에게 고하도록 하겠다. 그대는 저들을 관리하며 은밀히 그들의 동정을 살피라. 출병 일에 두 사람의 머리는 군기의 제물로 쓸 터이니, 일을 그르치지 않도록 주의하도록 하라."

감녕은 주유의 명을 받고 돌아갔고, 노숙이 들어와 말했다.

"채중과 채화는 거짓으로 항복할 가능성이 있습니다. 그들을 중용하지 마십시오."

주유는 오히려 화가 난 듯 말했다.

"죄 없이, 저들 형이 조조에게 참수당했소. 형제의 원한을 갚고자 왔는데, 무슨 거짓이 있겠소? 그대처럼 의심이 많으면, 어찌 천하의 장수와 선비를 거두겠소?"

노숙은 아무 말도 하지 못하고 돌아가서 공명에게 갔다. 노숙은 투항한 사실과 주유의 처리 사정을 공명에게 알려주었으나, 공명은 단지 웃기만 하며 아무 말도 하지 않았.

43. 합리적 계책에 대하여

2. 고전읽기: 나관중, 삼국지

노숙은 어리둥절해 묻는다.
"선생, 웃기만 하는데 무슨 이유입니까?"
이 말에 공명이 드디어 입을 열고 대답했다.
"주유가 계책을 사용하고 있다는 것을 공이 모르고 있으니, 답답해 웃은 것이지요. 크고 넓은 강이 있어 서로 정탐꾼이 오고 갈 수 없으니, 조조가 채중과 채화를 항복하게 하여 비밀을 찾기 위해 그들을 우리 군중으로 보냈을 것이오. 주유는 이것을 알고 있지만, 장계취계하여 저들이 우리 허위 소식을 전하게 하려는 것이오. 원래 병법에 속임수가 있는 것이 당연하니, 주유의 계책은 나쁘지 않소이다."
노숙은 마침내 고개를 끄덕이며 군영으로 돌아갔다.

그날 밤 주유가 군영에 홀로 있는데, 갑자기 황개가 사람 눈에 띄지 않게 은밀히 들어왔다. 주유는 그를 반가이 맞이했다.
"오늘, 이렇게 늦은 시각에 공복(황개의 자)이 나를 찾아온 것을 보니, 좋은 계책이 있는 것 같소이다."
황개가 말했다.
"조조는 대군이고 우리는 군사 적기 때문에, 오래 싸울수록 우리가 불리한데, 도독은 왜 화공을 쓰려 하지 않습니까?"
주유는 놀라서 물었다.
"누가 그 계책을 알려주었소?"
황개가 답했다.
"다른 사람이 일러준 게 아니라, 나 스스로 생각한 것이오."

2. 고전읽기: 나관중, 삼국지

"사실, 나도 같은 생각을 하고 있어서, 화공을 위해 필요한 것들을 모색하기 위해 전력을 다하고 있소. 그래서 말인데, 채중과 채화가 거짓으로 항복한 것을 알고 있고, 조조에게 우리 군중의 잘못된 소식을 알리게 하려는데, 문제는 그 계책을 위해 반대로 조조에게 거짓 투항해서 화공을 순조롭게 만들어 꾸밀 사람이 없다는 것이오."

황개가 정색을 하고 말한다.

"도독이 원한다면, 내가 해보겠소."

주유는 한숨을 위며 머리를 젓는다.

"절대, 쉬운 일이 아니오. 누군가 고통을 크게 겪지 않으면 조조가 결코 믿지 않을 것이기 때문이지요."

"나는 오나라 손씨 집안에게 많은 은혜를 받은 몸이오. 설사 간과 뇌를 꺼내 흙을 칠한다 해도 결코 누구도 원망하지 않을 것이오."

주유가 일어나 황개에게 큰절을 하며 이렇게 말했다.

"공이 이 고육지계(苦肉之計)를 해 준다면, 강동은 분명 생명을 되찾을 거이오."

황개는 주유와 서로 고개를 깊이 숙이며, 굳은 의지를 보였다.

"죽는다 해도 후회하지 않을 것이오."

다음날 주유는 장막 앞에서 모든 장수를 모으기 위해 북을 쳤다. 공명도 거기에 왔다.

"조조는 백만의 군대를 이끌고 삼백 리 이상의 진을 치고 있기 때문에, 하루나 이틀에 그들을 몰아내기가 어렵다. 이제는 오의 모든 장수들에게 명을 내리겠다. 석 달 치의 식량과 건초를 나누어 줄 예정이니 각자 적과 싸울 준비를 하라!"

주유가 말을 마치기도 전에, 황개가 나서 이렇게 말했다.

2. 고전읽기: 나관중, 삼국지

"석 달씩이나 걸려선 곤란하오. 그런 장기전이면 삼십 개월 동안의 음식과 마초를 준비하더라도 달성하기는 어려울 것이오. 이달에 조조를 이길 수 있다면 해보는 것이고, 그렇게 할 수 없다면. 얼마 전 장소의 말대로, 갑옷을 벗고 칼을 거두어 조조에게 항복하는 것이 나을 것이오."

황개의 말에 주유는 분개하여 얼굴빛이 바뀌어 소리쳤다.

"주공의 명에 따라 조조를 공격하기로 결정했을 때, 누군가 항복하라고 한다면, 그자가 누구라도 반드시 목을 벨 것이라 명했거늘 지금 조조와 서로 싸우고 있는 때에 네가 항복이라는 말을 꺼내 군의 사기를 어지럽히다니 절대 용서할 수 없다. 너를 참수하지 않으면 다른 사람들을 통솔할 수 없으니 이 일은 되돌릴 수 없다. 후회하기에는 너무 늦었다."

주유는 즉시 칼을 뽑아 황개를 참수하도록 명령했다. 황개도 또한 달려들어 기세등등하게 같이 고함을 쳤다.

"내가 일찍부터 파로 장군, 손견과 함께 나라를 종횡하며 삼 대를 모셔 왔는데, 너는 어디서 무엇을 했는데 이리 오만한가?"

주유는 분노로 폭발하여 정신없이 명한다,

"황개의 머리를 빨리 베지 않고 무엇들 하느냐?"

이때 감녕이 무릎을 꿇고 간곡히 말했다.

"황개는 동오의 오랜 신하입니다. 부디 너그러이 그를 용서해주시기 바랍니다."

주유는 더욱 참지 못해 소리를 지른다!

"너 또한, 왜 여러 말로 군법을 어지럽히려 하는가?"

2. 고전읽기: 나관중, 삼국지

주유는 좌우에 있는 군사들에게 명을 내렸다.
"먼저, 감녕에게 곤장을 쳐라."
감녕은 곤장을 여러 대 맞고 병영에서 쫓겨났다. 주유는 황개의 목을 치라고 다시 소리를 질렀다. 일이 이렇게 되자, 모든 장수들이 무릎을 꿇고 일제히 청한다.
"황개의 죄는 죽여도 할 말이 없겠으나, 군의 사기에 좋지 않으니, 지금은 그를 너그러이 용서하시고 황개의 죄를 적어두었다가, 조조를 물리친 후, 죄인의 목을 베는 것이 좋을 것입니다."
그럼에도 불구하고 주유의 분노는 진정되지 않았다. 다시 모든 관원들은 황개의 구명을 간청했고, 주유는 마지못해 물러섰다.
"저자의 목을 베야 하지만, 여러 장수의 낯을 보아 목숨은 살려두겠다. 우선, 그 죄를 다스리기 위해 곤장 백 대를 쳐라."
장수들은 계속해서 황개의 용서를 구했다. 그때, 주유는 앞에 있는 탁자를 뒤집어 던지며 명한다.
"어서 끌어내 처라!"
마침내 황개는 옷이 벗겨지고 땅에 엎드려 넘어졌고, 오십 대의 곤장을 계속해 맞았다. 피가 온통 난무하고 황개가 기절해 쓰러지니, 장수들이 또다시 무릎을 꿇고 용서를 구했다. 주유는 자리에서 일어나 손으로 황개를 가리키며 이렇게 소리친다.
"여전히 네가 나를 무시하겠는가? 나머지 오십 대는 깨어나면 나중에 다시 집행할 것이니 그리 알라. 또다시 거만하게 행동하면 절대 내버려 두지 않겠다."
주유는 자기 분을 이기지 못하고 병영 안으로 급히 들어갔다.

43. 합리적 계책에 대하여

2. 고전읽기: 나관중, 삼국지

그곳에 있던 관료와 장수들은 황개를 부축해 서둘러 자리를 떠났으나, 가혹한 매질에 살이 터지고 속살이 드러났다. 차마 눈 뜨고 볼 수 없을 지경이었다. 몇몇 사람들이 간신히 그를 부축하여 본채로 데려와서 그를 눕혀 놓았다. 황개는 기절하고 깨어나기를 여러 차례 반복했다. 이 끔찍한 광경에 울지 않은 사람은 없었다. 노숙은 황개를 찾아서 위로하고, 공명의 거처로 가서 화를 냈다.

"오늘 주유가 분노하여 황개를 벌했을 때, 우리는 그가 부하라 아무 말도 할 수 없었지만, 선생은 손님의 입장에 있었는데, 왜 아무런 말도 하지 않았습니까?

공명은 웃으면서 말했다.

"자경은 나를 속이려는 것이오?"

노숙은 무슨 말을 하는지 모르고 눈을 크게 뜨고 물었다.

"그동안 강을 건너 선생과 함께 한 후 한 번도 거짓을 말한 바 없거늘, 무슨 말을 하는 것입니까?

"자경은 주유가 오늘 계책으로 황개를 벌한 것을 모른다는 말이오? 그것이 의도적이라는 것을 아는데, 내가 어떻게 그것을 막을 수 있겠소."

노숙은 이런저런 것을 조금 생각하더니, 마침내 고개를 끄덕였다. 공명이 다시 이렇게 말했다.

"고육지계가 아니고선 어떻게 조조를 속일 수 있겠소? 이제는 황개가 조조에게 조만간 항복하고, 채중과 채화에게 오늘 있던 일을 그대로 조조에게 알리도록 해 황개의 투항을 믿도록 할 것이오. 하지만, 공은 주유에게 내가 모든 것을 알고 있다고 말하지 말고, 반대

2. 고전읽기: 나관중, 삼국지

로 도독의 무정함을 탓하더라 말하십시오."
　노숙이 돌아와 주유에게 말했다.
"황개에게 왜 그렇게 심하게 하셨습니까?"
주유가 물었다.
"모든 장수가 나를 비난합니까?"
"모두가 불안한 상태입니다."
"공명은 어떻소?"
"공명 또한 도독이 좀 심했다는 생각이었습니다.
웃으면서 주유가 말했다.
"이번에야말로 공명도 내게 속았나 보오."
노숙이 모르는 체하며 물었다.
"무슨 말씀을 하시는 거요?"
"오늘은 실제로 황개를 심하게 다룬 것은 모두 계책이었소. 고육지계를 써서 황개를 먼저 항복하게 한 다음, 조조를 속여 화공으로 친다면 반드시 이길 것이오."
　그의 말에 노숙은 공명의 높은 통찰력에 감탄했다. 그러나 그는 공명이 말한 대로 주유에게 공명이 알고 있다는 사실을 말하지 않았다.
　한편 황개는 텐트에 홀로 누워 있었으며, 장수들이 와서 그를 위로했다. 그러나 황개는 아무 말 없이 어두운 얼굴로 한숨을 쉬는 모습만 보였다. 그때, 시종들이 참모 감택이 왔다고 했다. 황개는 다른 사람을 물러가게 하고, 그를 맞이했다. 감택이 먼저 물었다.
"장군은 도독과 무슨 원수라도 지었소?"

2. 고전읽기: 나관중, 삼국지

황개가 말했다.
"아무것도 없소."
"그럼 오늘, 주유의 곤장은 고육지계지요?"
"어떻게 알았소?"
"내 도독의 행동을 본 후 그럴 것으로 추측했소."
황개가 이렇게 말했다.
"내가 삼 대에 걸쳐 오후의 큰 은혜를 받은 후에도 갚을 방법이 없었소. 이 고육지계로라도 조조를 물리치려고 하는 것이니, 고통은 있지만, 아무런 후회도 없소. 군중을 둘러봐도 믿을 만한 사람이 없어, 그대가 충성스러운 마음이 있음을 내가 알기에, 마음속에 있는 말을 그대에게 할까 하오."
감택은 깊이 생각하더니 이렇게 말했다.
"내게 속마음을 말하는 것은 황장군과 행동을 같이하면서, 내가 가서 거짓 항서를 바치라는 뜻이지요?"
황개는 감택의 손을 잡으며 말했다.
"바로 그것이오."
감택은 미소를 지으며 승락했다.

2. 고전읽기: 나관중, 삼국지

문제 2 (1) 등장 인물을 모두 도출하고 (2) 도출한 등장 인물이 모두 들어가도록 내용을 요약, 정리하시오. (각 300자)

(1) 등장 인물

200자

(2) 핵심 내용

400자

600자

2. 고전읽기: 나관중, 삼국지

문제 3 본문 내용을 인용하면서 합리적 계책, 세 가지를 도출하여 설명하시오. (각 300자)

1.

2.

2. 고전읽기: 나관중, 삼국지

문제 3 본문 내용을 인용하면서 합리적 계책, 세 가지를 도출하여 기술하시오. (각 300자)

3.

200자

400자

600자

2. 고전읽기: 나관중, 삼국지

문제 4 전쟁에서 이기기 위해서는 무엇이 필요한지 모두 기술하고 설명하시오. (600자)

2. 고전읽기: 나관중, 삼국지

문제 5 인생에서 성공하기 위해서는 무엇이 필요한지 모두 기술하고 설명하시오. (600자)

200자

400자

600자

3. 주제 토론: 합리적 계책에 대하여

깨끗한 그릇은
그것을 씻기 위한 더러움을 각오해야 하며
고귀하고 안락한 모습은
비천하고 힘에 겨운 자신을 각오해야 한다.

〈일을 이루기 위해 합리적 계책이 필요한 이유를 설명하시오. (400자)〉

4. 천자문 (43/125)

外(밖 외) 受(받을 수) 傅(스승 부) 訓(가르칠 훈)
밖에서는 스승의 가르침을 받아야 하고

入(들 입) 奉(받들 봉) 母(어미 모) 儀(본받을 의)
집에서는 부모의 가르침을 받아야 한다.

외수부훈   입봉모의

外受傅訓 하고   入奉母儀 하라.

스승과 부모의 가르침을 받아들이는 것이
교육과 성장의 근본이다.

[한자 세 번, 뜻 한 번을 쓰시오]

5. 논어 (論語)

위정편(爲政篇)

君子 和而不同 군자 화이부동 하고
小人 同而不和 소인 동이불화 라.

군자는 남과 화합하려 하되 같아지려 하지 않으며
소인은 남과 같아지려 하되 화합하려 하지 않는다.

"화이부동 (和而不同)"
군자의 계책이다.

[한자 두 번, 뜻 한 번을 쓰시오]

삼국지연의 (나관중)

《삼국지연의》(三國志演義)는 서기 184년 황건적의 난부터 서기 280년까지 중국 대륙에서 벌어진 실제 사건을 바탕으로 집필한 중국의 대표적 고전 소설로, 명나라 때 나관중의 책이다.

※ 연의(演義): 역사적인 사실을 부연하여 재미있고 알기 쉽게 쓴 책

〈주요 내용〉

황건적의 난 / 유비, 관우, 장비의 도원결의 / 황건적 토벌 / 동탁 타도를 위한 제후 연합군의 봉기(동탁 토벌전) / 여포와 원술의 활약 / 강동(江東)의 영웅 손책의 등장 / 조조와 원소의 대결(관도 전투) / 유비와 제갈량의 만남 / 적벽 대전 / 유비의 익주 획득 / 유비-손권 간의 형주 문제 / 삼국 정립 / 제갈량의 남만 정벌 / 출사표 / 촉한과 위의 숙명적 대결 / 제갈량의 죽음과 사마의

* Ref: 관련 백과사전 등 참고

독서노트 (15)

[삼국지에 흐르는 정신에 대하여]

1. **저자**: 나관중

2. **도서**: 삼국지

3. **독서노트**
   (1) 등장 인물 열 명을 선정하고 그들의 특징과 장점을 자세히 기술하시오. (800자)
   (2) 전체적인 줄거리를 요약하시오. (800자)
   (3) 감명 깊었던 이야기 다섯 가지를 기술하시오. (800자)
   (4) '삼국지연의'에 흐르는 정신(교훈) 다섯 가지에 대하여 기술하시오. (500자)

4. **기간** : 3주

독서노트

(1) 등장 인물 10명을 선정하고 그들의 특징과 장점을 자세히 기술하시오. (800자)

독서노트

(2) 전체적인 줄거리를 요약하시오. (800자)

독서노트

(3) 감명 깊었던 이야기 다섯 가지를 기술하시오. (800자)

200자

400자

600자

독서노트

(4) '삼국지연의'에 흐르는 정신(교훈) 다섯 가지에 대하여 기술하시오. (500자)

Summary

1. 나에 대하여

: 자신의 목표를 이루는 과정, 꿈을 실현하는 과정에서 준비 중인 '합리적 계책'에 관하여 생각하고, 설명하시오. (400자)

2. 고전 읽기

: 삼국지 (나관중)

3. 주제 토론

: 합리적 계책에 대하여

4. 천자문 / 논어

5. 독서 노트

: 삼국지 (나관중)

합리적 계책에 대하여

✻ 43. 합리적 계책에 대하여 자신의 생각을 종합하시오.

44. 평등과 자격에 대하여

내 평등이 타자의 평등을 해치진 않는가?

44. 평등과 자격에 대하여

❋ 평등의 자격은 없다.
모든 인간은 기본적으로, 본질적으로 평등하다.
단, 타자의 평등을 해치지 않는 조건에서이다.

❋ 평등한 척만 하고 마음속 우월함을 버리지 못하면
결국에는 그 우월함 때문에 행복에 도달하지 못할 것이다.

❋ 평등은 그것을 위해 노력하는 자의 것이다.
내 힘이 아닌, 누군가에 의해 제공된 평등은 내 평등이 아니다.
목숨을 걸고 평등을 지키는 자만이 평등할 자격이 있다.

1. 나에 대하여

자신의 삶 그리고 '꿈과 목표' 속에서
자신이 '평등할 자격'이 있는지 설명하시오. (400자)

200자

400자

2. 고전 읽기: 철학자들의 생각

냉철한 그리고 분노하는

2500년 인류 정신의 생각을 통해
평등의 핵심이 무엇인지
깊이 성찰해보자.

* Ref: 냉철한 그리고 분노하는, 자유정신사 (2017)

2. 고전 읽기: 철학자들의 생각

4. 서로 같음에는 그럴만한 대상이 따로 있지 않다.

"모든 존재는 신(神)의 표현으로, 세계 내 모든 것은 하나이다.
신은 무한한 계속성을 가지고 존재하는 실체이며 자연 전체이다."
자연의 극히 일부로써 인간은 물질과 사고라는 양태를 잠시 가질 뿐이며
인간을 포함한 우주 모든 개체는 포괄적 신의 표현인 것이다.
따라서 지상의 행복은 인간 중심이 아닌
포괄적 생명체의 행복으로 재해석해야 한다.
평등은 생명체 모두가 그 대상이며, 모두가 신의 부분이기 때문이다.

(스피노자: 에티카)

형편없는 인간을 위해서도 평등을 고려해야 한다.
그에게 자신으로 돌아갈 기회를 주어야 하기도 하고
누가 과연 형편없는 인간인지 알 수 없기 때문이기도 하다.

2. 고전 읽기: 철학자들의 생각

"자기에게 유리한 현재 상태를 근본으로 해서

자기의 생각이 남보다 낫다고 생각하는 데서 시비가 생겨난다.

사람은 자기를 근본으로 남에게 자기를 고집스레 관철하려 하는 법.

자기에 유용한 자를 지자(知者)라 하고, 무용한 자를 우자(愚者)라 하며

세상이 인정하는 것을 명예라 하고, 인정하지 않는 것을 치욕으로 본다.

이럴 경우 매미나 산까치가 큰 하늘을 나는 붕새를

비웃는 일이 적지 않게 생기는 것이다."

(장자: 경상초편)

"평등의 파괴, 압제는 자기 범위를 벗어나는 영역에 대한 지배욕이다.

강한 자, 현명한 자, 종교가들의 분야는 각각이어서

각기 다른 분야에서는 우월하지 못하는 법이다.

그런데 어쩌다가 강한 자와 현명한 자가

서로 누가 우월한가를 가지고 싸우는데

이것은 참으로 어리석은 일이다.

이들은 서로 다른 세계에 속하기 때문이다."

이렇게 우리는 모두 타인이 침범할 수 없는 자신의 영역이 있으며

2. 고전 읽기: 철학자들의 생각

이로써 모두 어느 정도 평등할 수밖에 없는 운명이다.

(파스칼: 팡세)

우리는 누구나 평등하다고 생각하지만 자신이 강자가 되었을 때는
마음속 깊은 곳에는 숨겨진 불평등으로 무장한 악마를 가지고 있다.
상대가 보잘것없거나 형편없는 자들일 경우
우리에게 평등은 더 이상 없다. 교묘히 숨기고 있을 뿐.
"욕심 많고 소심한 자들은 예외 없이 어리석은 짓으로 가득하고
그들의 동류를 비슷한 바보로 만들며
그것을 영예로 생각하면서 어떻게 해서든지 영혼을 타락시킨다.
그들의 서로 같음을 가장한 영예에 대하여
나도 타인들처럼 웃고자 했으나 그 괴상한 모방은 불가능했다.
나는 비슷하게 하려고 날카로운 칼로 입술 사이를 쨌다.
피가 입술 사이로 철철 흐르고 그들 웃음과 같은지 구별조차 할 수 없다.
그러나 조금 비교해 보니 내 웃음은 그들과 닮지 않았다.
세상은 배반의 위선자, 희극 배우의 이상야릇함, 어리석고 강직한 사제,
세상에 냉담한 사람들, 흐릿하고 무서운 눈을 가진 사람들로 가득하다.

44. 평등과 자격에 대하여

2. 고전 읽기: 철학자들의 생각

그들은 인간 예찬자를 지치게 하고 억누를 수 없는 분노를 일으킨다."

평등이라고? 그저 웃음거리일 뿐.

(로트레아몽: 말도로르의 노래)

마음속 고귀한 것을 발견하는 것이

얼마나 시급하고 중요한 것인지 잊지 말라.

"우리는 우주 속에 담긴 가장 고귀한 것을 존중하고

모두가 존중하는 대상이며, 모두를 규율하는 고귀한 대상을 경외한다.

동일하게, 우리 개인 속에서 살아 숨 쉬는 고귀한 것을 존중하라.

그것은 당신들을 지배하는 것이기 때문이다."

그 고귀한 것은 예외 없이 우리 모든 존재에서 동일하다.

이처럼 각자 고귀한 '개체의 가치'는 모두 존중되어야 하며

냉철히 지켜야 할 우주 속 진리이다.

(아우렐리우스: 명상록)

2. 고전 읽기: 철학자들의 생각

인류 지성은 "생명에 대한 평등의 포괄성, 자기 우월성의 부정, 숭고한 자기 영역, 평등의 타락"에 대하여 전하고 있다. 지혜의 신 아테나는 서로 같음의 대상에 대하여 이렇게 지상의 사람들에게 전하는 바이다.

"평등을 그럴만한 가치 있는 인간으로 제한하면
그것은 신과 관련 없는 인간의 일이 될 것이다."

- 서로 같음에는 그럴만한 대상이 따로 있지 않다.

2. 고전 읽기: 철학자들의 생각

문제 1 각 철학자들이 말하는 핵심 내용을 설명하고 우리 사회를 비판하시오.

⚜ 4. 서로 같음에는 그럴만한 대상이 따로 있지 않다

1.

2.

3.

4.

5.

2. 고전 읽기: 철학자들의 생각

5. 평등을 가장하면 행복도 가장한다.

"천지가 무궁무진한 까닭은
무릇 존재가 자신만의 것이 아니라 세상의 것이기 때문이니
남을 자신보다 보다 앞세움으로써 나서는 데 힘들지 않고
자기보다 남을 위함으로써 영원히 세상에 이름을 남긴다.
지고의 선덕(善德)은 물(水)과 같은 법.
물(水)은 만물에 생명과 이로움을 베풀지만
자신의 명예를 위해 고명을 다투지 않고
언제나 비천한 곳, 사람들이 싫어하는 낮은 곳에 처해 있다.
물(水)은 진리에 가까우니 다투지 않고 허물이 없다.
그릇은 흙을 이겨 만들지만, 그릇의 쓸모는 바로 텅 빈 곳이고
방은 벽을 쌓고 문과 창을 만들지만, 쓰이는 곳은 빈 공간이다.
이렇게 사물(有)이 이롭게 쓰이기 위해
결국 활용되는 것은 빈 무(無)이다."
모두 같이 쓰임을 알아야 비로소 모두 같이 행복할 수 있을 것이다.

(노자: 도덕경)

2. 고전 읽기: 철학자들의 생각

인간들 중에는 내 유혹을 넘지 못하고 평등을 이용해 나태함을 마음껏 누리는 내 추종자들이 적지 않다. 인류 정신은 모두 같은 세상이 이상향이라 하지만 사실 그것은 오히려 나 같은 악마의 자식들을 위한 이상향이리니.

보통, 행복은 타인보다 우위를 확보함으로써 달성되는 법.

쓸데없는 도덕 타령할 것 없다.

사실, 마음속으로 모두 다 알고 있지 않은가?

"공손하고 부지런하며, 호의적이고 예의 바른 당신은

사람이 모두 그러하기를 바라는가? 선인의 생각인가?

하지만 그것은 이상적 노예, 유예적 노예에 지나지 않는다.

2. 고전 읽기: 철학자들의 생각

뛰어난 노예는 스스로를 소중한 목적으로써 설정하지 않고

자기 스스로는 목적도 만들지 않는 자이니

그런 자는 무아(無我) 평등의 도덕에 대해 존경을 표하고

본능적으로 그의 영리함, 그의 경험, 그의 허영이 그것을 설득한다.

게다가 신앙 또한 그러하다."

모두를 악마스러운 평등한 노예로 만들려고 혈안이 되어있으니!

(니체: 권력에의 의지)

노예적 평등 속 행복은 착시 현상일 뿐. 감옥 속 평등이 무슨 의미인가?

힘 있는 자들이 선심 쓰는 듯한 평등은 필요 없다.

우리가 생각해야 할 것은 진심으로 평등을 구하지 않을 수 없도록

무엇을 감시해야 하는지, 무엇을 원해야 하는지,

무엇에 대하여 투쟁해야 하는 지이다.

불완전한 평등은 불완전한 행복, 어쩌면 또 다른 불행을 잉태할 뿐.

"이런 타락한 시대에 태어나 유일하게 좋은 것은

비교적 값싸게 위인이나 영웅이라는 말을 들을 수 있다는 것이다."

(몽테뉴: 수상록)

2. 고전 읽기: 철학자들의 생각

행복은 그리 어려운 일도 아니니, 과도한 불평등만 제거하면 된다.
"만약 누군가 거드름을 피우며
나를 모욕하려고 생각하는 것이라면 그래도 참을 만하다.
나도 무언가 같이 응수해주면 그만이니까.
그러나 자기가 나보다 훨씬 우월해서
나를 봐줄 수밖에 없다는 생각이 그의 머저리 같은 머리에 떠올랐다면?
바로 이 생각에 나는 숨이 막힐 것 같다."
조금 뛰어난 자들 가슴 깊이 자리 잡은
인간 불평등을 즐기는 기분 나쁜 우월감은 도저히 참을 수 없다.

(도스토예프스키: 지하로부터의 수기)

인류 정신은 지상의 사람들에게 "모든 빈(空) 곳의 유익함, 노예적인 것의 특성, 선심 쓰는 듯한 위선, 뛰어난 자들의 기분 나쁜 우월감"에 대해 전하고 있다. 나는 지상의 사람들에게 이렇게 말한다.

2. 고전 읽기: 철학자들의 생각

"작은 차이를 인정하면 불평등을 인정하는 셈이니
어떤 저항이 있어도 양보는 안 된다.
걸인에게나 제왕에게나 추호의 차이도 없기를."

세상은 평등을 바라는 자와 바라지 않는 자로 크게 나누어져 있다.
평등은 자유를 나누어 주는 것이니
자유롭고 싶으면 주위 열 사람만 자유롭게 하라.
첫째, "말과 나귀가 주인과 함께 길을 가고 있었다. 나귀가 말했다.
「내 짐을 나누어 들어 주게. 무거워 죽을 지경이야. 내 목숨을 구해 주게.」
그러나 말은 모르는 척했다. 탈진한 나귀는 쓰러져 죽고 말았다.
주인은 나귀 짐을 모두 말에게 지웠다. 죽은 나귀 가죽과 함께."
둘째, "한 군인에게 말 한 필이 있었다.
전쟁이 끝나자 주인은 말을 노예처럼 부리고 왕겨밖에 주지 않았다.
갑자기 다시 전쟁이 선포되고 군인은 다시 소집되었다.
그러나 말이 병들고 너무 쇠약해져 대우 좋은 기병에는 입대할 수 없었다."
세째, "제우스 신의 명령으로 프로메테우스는 사람과 짐승을 만들었다.
제우스가 짐승이 더 많은 것을 보고 그 일부를 사람으로 바꾸라 명했다.

2. 고전 읽기: 철학자들의 생각

짐승 같은 사람들이 있는 까닭이다."

타인을 존중하고 자유를 주면 그로부터 원하는 선물을 받게 될 것이다.

(이솝: 이솝우화집)

진리를 위해 죽는다는 것.

"우리는 자기가 가진 [의견] 때문에

자신을 불태워 죽이는 일은 하지 않을 것이다.

그만큼 자기 [의견]에 대하여 확신하고 있는 것은 아니기 때문이다.

하지만 우리가 자기 의견을 가질 [자격]을

그리고 그것을 변경할 [자격]을 얻기 위해서는

그렇게 해야 할 것이다."

(니체: 인간적인 너무나 인간적인)

"임금은 신하를 예(禮)로써 대하며

신하는 임금을 충(忠)으로써 섬길 일이다."

임금은 임금답게, 신하는 신하답게.

2. 고전 읽기: 철학자들의 생각

군주와 신하는 엄연해야 세상이 비로소 평화롭다.
그렇지 않으면 인간의 이기심은 인예(仁禮)의 두려움이 없어
세상은 어지럽고 모두가 곤궁할 것이다.
모든 이의 평등이 모든 이의 행복은 아니다.

(공자: 논어)

평등으로 이익이면 그것을 원하고, 손해면 바라지 않는다.
이로써 평등을 약자의 이기적 욕망쯤으로 호도할 수도 있다.
그러나 평등은 공동체를 구성시키는 목적과 이유이다.
평등을 위해 공동체를 구성한 것이며
평등이 깨지면 공동체를 유지할 아무런 이유가 없다.
"자연 상태에서는 다툼이 나도 일대일의 작은 싸움이지만
권력을 과도하게 위임받은 집단이 구성되면
이들은 무자비하게 개인의 생명, 재산, 자유를 침해하고
더욱 큰 탐욕을 위해 전쟁까지 일으킨다."
전쟁은 애국을 빙자하여 개죽음보다 못한 의미 없는 희생을 강요한다.
불평등적 권력에 대하여 냉철히 전복, 파괴를 도모해야 하는 이유이다.

(존로크: 정부론)

2. 고전 읽기: 철학자들의 생각

평등은 그것을 바라는 자와 바라지 않는 자가 있는 것이 이치이다.

자연에는 강자와 약자가 있기 마련이고

강자가 모든 것을 가짐으로써 사회는 계속 진화하는 것.

계급 투쟁이 역사 발전을 이끌어 온 원동력이다.

"자본주의 사회에서 노동자 계급은 자기가 생산한 재화의 주인이 아니라

자본을 위해 착취당하는 노예 같은 열등한 지위를 갖는다.

잉여 가치를 실제 생산하는 것은 노동자지만

그것을 자본가들이 탈취, 소유하기 때문이다."

부조리에 맞서 싸우지 않는 것은 참으로 어리석은 일이다.

(마르크스: 자본론)

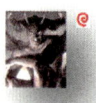

투쟁으로 행동하지 않는다면 어리석고 용기없는 겁쟁이일 뿐. 지상 세계는 분노하지 않는다면 아무것도 얻을 수 없는 욕망으로 가득한 부조리한 곳이니.

● 분노의 악마, 사탄

2. 고전 읽기: 철학자들의 생각

폭거와 파괴가 속성인 사탄의 분노에 사람들은 가끔 넘어가지만, 인류 정신은 그 냉철함으로, 그 유혹에 쉽게 넘어가지는 않을 것이다. '봄날 정오 같은 따뜻함'으로 지속하는 행복을 위해서 우리는 서로 다르지 않아야 한다. 인류 지성은 "나누지 않음의 인과와 그 응보, 평등을 위한 계급 투쟁"에 대해서 전하고 있다. 지상의 사람들은 그 [평등할 자격]을 위해 목숨을 걸고 분노해야 할 것이다. 지혜의 신, 아테나는 지상의 사람들에게 이렇게 전한다.

"평등은 자유와 함께 제2의 진리 조건이다.
누구든 그것을 폄하(貶下)해봐야 무지를 드러낼 뿐이다."

▫ 평등을 가장하면 행복도 가장한다.

2. 고전 읽기: 철학자들의 생각

문제 2 각 철학자들이 말하는 핵심 내용을 설명하고 우리 사회를 비판하시오.

❧ 5. 평등을 가장하면 행복도 가장한다

1.

2.

3.

4.

5.

2. 고전 읽기: 철학자들의 생각

문제 2 각 철학자들이 말하는 핵심 내용을 설명하고 우리 사회를 비판하시오.

 ✤ 5. 평등을 가장하면 행복도 가장한다

6.

7.

200자

8.

9.

400자

600자

2. 고전 읽기: 철학자들의 생각

6. 우월함으로 허영적인 인간은 사실 가장 노예적이다.

모든 사람이 평등한 세상을 바라는 것은 철학의 허영이다.

그래도, 불평등에는 조건이 있는데

그것은 그 차이가 서로 인정할 수 있을 정도이어야 한다는 것이다.

평등한 세상은 약자의 허영, 불평등한 세상은 강자의 허영.

모두 평등한 허영을 바라진 않지만, 허영적 불평등 또한 묵과할 수 없다.

"강자의 허영을 파괴하기 위해서는 장막 뒤에 숨어

권력이 훈육해온 지배 구조를 철저히 규명하고 또 해체해야 한다."

(푸코: 감시와 처벌)

2. 고전 읽기: 철학자들의 생각

자연은 원래 불평등한 것.

"인간은 이미 다른 생명으로부터 불평등적 특권을 가진다.

「가장 겸손한 인간」이 자연에서 인간으로 갖는 허영심에 비교하면

「가장 허영적 인간」의 허영심 따위는 아무것도 아니다.

아무리 미약한 자도 허영심으로 가득 차 있으니.

동물의 야성을 막기 위해 너무 많은 쇠사슬에 묶여

온화함, 침착함, 이성적, 사려 깊음으로 쇠사슬 병 중이다."

불평등적 특권을 누리기 위해서는

이렇듯 항상 쇠사슬을 각오해야 하는 법.

이렇게 세상은 이미 이상적 평등 상태인지도 모르나니.

(니체: 인간적인 너무나 인간적인)

2. 고전 읽기: 철학자들의 생각

사람의 허영심은 있지도 않은 상류 계층을 마음대로 만든다.

이것이 허영심을 이용한 장사가 잘되는 이유이다.

"사람은 권력과 부의 부스러기를 잡고 자신이 평등하다고 생각하니

강자와 약자로서 서로를 이용하는 세상 속에서

우리는 근본적으로 평등을 원하지 않도록 훈육된다."

그렇지만 다른 면에서 바라보면 인간은 아무리 아니라고 발버둥 쳐도

어차피 크게 다르지 않은 이런저런 사람이다.

이런 별거 아닌 자가 타자의 득실에 조금 영향을 미치는 자리,

권력의 위치에 올라, 그들의 의도대로

조금 특별하게 자신을 대하도록 강제하는 것을 옆에서 보고 있으면

그 뻐기는 모습이 우습기도 하고 조금 안쓰럽기도 하다.

이 볼썽사나운 모습을 그대로 내버려 둘 수는 없다.

(푸코: 감시와 처벌)

우월에의 허영심은 타인으로부터 인정(認定)을 갈구하는

인간의 노예 본능에 기원한다.

2. 고전 읽기: 철학자들의 생각

인간은 강자에 대하여 평등이 아닌 불평등을 구걸한다.

평등은 허영에 불과하니 삶이란 권력에의 의지이기 때문.

"소크라테스로부터 유럽에서 공통된 것은

도덕적 가치가 모든 가치를 지배하게 하려는 시도이다.

그 배후에는 가축떼 본능이 감춰져 있으니.

평등의 문제?

모두 아리스토텔레스적 탁월함을 목표하는데, 대체 무슨 평등인가?

자기 자신의 독창적 가치를 단념하는 것

타인이 비굴한 단념을 하도록 엄중히 요망하는 것

이것이 평등의 탈을 쓴다.

이제 모두, 이 가치 평가로 복종하고 있고

가축떼 본능은 중간의 것을 제일 평가하는데

거기서 다수자가 살아가고 있고, 나름대로의 방식이다.

이렇게 이 본능은 모든 위계(位階)의 파괴자가 되고

가축떼는 자기 이하이든 이상이든 예외자를

자신의 적대자, 위해자(危害者)로 느낀다.

탁월자, 즉 상위 예외자를 다루는 가축떼의 뜻밖의 솜씨는

그자를 설득하여, 가축떼를 섬기는 봉사자가 되게 하는 것.

2. 고전 읽기: 철학자들의 생각

중간의 둥지 속에는 자신의 동료뿐이어서 공포가 없고
그럴듯한 평등이 있으며 자신의 존재가 정당화된다.
예외자는 믿지 못할 자, 예외자가 되는 것은 죄책."
어느새 평등한 노예가 된 탁월자는 둥지 속 공허한 허영을 가장하나니.

(니체: 권력에의 의지)

그래도 평등의 언덕을 희구한다. 그곳은 의외의 곳에도 있다.
"사람들은 푸른 언덕, 모래 해변, 산기슭에 은둔하기를 원하지만
그런 꿈은 정신의 세계에 들어선 자에게는 부질없는 것.
원하기만 하면 언제나 당신 속 깊이 은둔할 수 있기 때문이다.
자신의 영혼 속은 더없이 고요하고 평화로운 은신처.
영혼 속 풍부한 덕(德)을 가진 사람이면
그 덕으로써 곧 마음의 평온이 다가오리니.
평온한 마음은 정연히 정돈된 정신.
그대의 생의 원칙은 간결한 것일수록 좋다."
그곳은 권력도 재력도 명예도 필요 없는 자신만의 [평등 영역]이다.

(아우렐리우스: 명상록)

2. 고전 읽기: 철학자들의 생각

인류 정신은 사람들에게 "권력이 훈육한 지배구조, 쇠사슬에 묶이는 불평등적 특권, 자신을 과시하는 자들에 대한 안쓰러움, 사람들의 가축떼 본능, 마음속의 평온"에 대하여 전한다. 지혜의 신, 아테나는 지상의 사람들에게 이렇게 말한다.

"평등은 타인에 대한 의존이 필요 없는 상태이니 누군가의 호의가 그에게 의존하게 하려는 의도인지 경계할 일이다."

- 우월함으로 허영적인 인간은 사실 가장 노예적이다.

2. 고전 읽기: 철학자들의 생각

문제 3 각 철학자들이 말하는 핵심 내용을 설명하고 우리 사회를 비판하시오.

❖ 6. 우월함으로 허영적인 인간은 사실 가장 노예적이다

1.

2.

3.

4.

5.

2. 고전 읽기: 철학자들의 생각

7. 누군가에 평등을 맡기느니 신에게 목숨을 맡기겠다.

차이성이란 일면(一面) 동일성의 결과이다.
두 존재가 다르다고 할 때 이미 어느 정도 동일성을 함축한다.
'사과는 배와 다르다.' 이 다름 속에서 동일성이 이미 작동한다.
나는 이런 기반적 동일성을 비판하고 차이성을 동일성에 앞세운다.
모두 고유한 차이를 가지고 있다고 하지만 그 인정만으로는 부족하다.
그 속에 '나는 너와 다르다'는 예상 못 한 음흉함이 숨어 있기 때문이다.
사물의 가장 근원적 배후에는 차이가 있으니
중요한 것은 누구도 침범할 수 없는 '차이의 공평'이다.
'동일(同一)의 서로 같음'이 아닌, '차이의 서로 같음'.
사과·배는 과일로서가 아니라, 사과·배 그대로 서로 같다.
개별 삶은 차이를 반복해서 만들어 가는 끊임 없는 실존적 양태이다.

(들뢰즈: 차이와 반복)

2. 고전 읽기: 철학자들의 생각

탁월한 자가 통치하도록 하는 것이 일면, 현명해 보이기도 한다.

인간은 억압, 통제되지 않으면,

자기 이익을 위해 모든 것을 파괴하려 하는 저급 동물이기 때문이다.

사람들이 누군가에게 복종하는 것은 그가 이익을 주거나

자기에게 해를 끼칠 정도로 강력할 때뿐이다.

"자연 상태에서는 힘이 정의이다. 평등은 오히려 독으로 작용한다.

내버려 두면 폭력적 투쟁이 동물과 다르지 않게 삶을 지배할 것이니

우리가 괴물 리바이어던이 필요한 이유이다."

야만적 상태의 통제를 위해,

평등은 국가에 일정 부분 양도해야 한다.

(홉스: 리바이어던)

2. 고전 읽기: 철학자들의 생각

인간 불평등은 소유에서 기원하니

소유의 불평등이 인간 불평등으로 발전한다.

"인간은 자유롭게 태어났지만 어느새 쇠사슬에 묶여 있다.

하지만 인간은 선한 본성으로

순수 계약에 의해 질서를 만들 수 있다."

인간은 모두 똑같이 존엄한 [일반 의지]를 가지고 있고

이는 누구에게도 양도할 수 없으니, 억압의 사슬을 끊기 위해

계약으로 자유를 일부 양도하고 그만큼 시민의 자유를 획득한다.

이 시민의 자유는 우리의 절대 권리인 것이다.

(루소: 사회계약론)

2. 고전 읽기: 철학자들의 생각

숭고한 자는 이미 돌려받았어야 할 것을 저축한 사람이니

이를 간파한 사람들은 존경으로써 그에게 평등을 양보한다.

이렇게 어떤 경우 평등을 양보할 수도 있다.

"자연은 자유의 표현이 아니라, 우연성과 필연성의 표현이다."

루소적 질서를 위한 인간의 순수함과 선량함도 필연적이지는 않으니

그것으로 세상은 평등할 수 없다.

자연은 평등도, 불평등도 원하지 않는다.

필연과 우연만이 인식 넘어 존재할 뿐.

원래부터 존재하는 무조건적 평등은 없는 법.

그것을 받을만한 필연 속에서 평등은 양도되는 것이고

그렇게 [필연적 평등 세상]이 구성되는 것이다.

이 평등적 삶을 위해서는 지향점을 냉철히 분석하고

그것을 필연으로 만들어가야 하리니.

(헤겔: 철학강요)

2. 고전 읽기: 철학자들의 생각

천상의 선생들은 지배받음의 안락함을 잘 모르는 것 같다. 뛰어난 자들에게 평등을 양도하고 그들이 만드는 탁월한 세상에서 고뇌 없이 지내는 것도 나쁘지 않은 선택이다. 멍청한 사람들이 우왕좌왕하는 것은 악마인 내가 보기에도 안쓰럽다. 고뇌란 스스로 만들어내는 지옥일 뿐이니.

고뇌는 지옥의 형벌이 아니라, 신의 최고 선물이며, 신과 만날 수 있는 비밀의 열쇠이다. 인류 정신은 지상의 사람들에게 "차이의 동질화, 괴물 리바이어던, 인간을 묶고 있는 쇠사슬, 필연적 평등"에 대하여 전하고 있다. 지혜의 신, 아테나는 지상의 사람들에게 이렇게 말한다.

"평등을 기꺼이 양보할만한 자가 있다면
그는 신(神)이거나 양보를 필연으로 이끌 냉철한 인간이다."

📕 누군가에 평등을 맡기느니 신에게 목숨을 맡기겠다.

44. 평등과 자격에 대하여

2. 고전 읽기: 철학자들의 생각

문제 4 각 철학자들이 말하는 핵심 내용을 설명하고 우리 사회를 비판하시오.

❖ 7. 누군가에 평등을 맡기느니 신에게 목숨을 맡기겠다

1.

2.

3.

4.

2. 고전 읽기: 철학자들의 생각

문제 5 '평등과 자격'에 대한 자신의 생각을 논술하시오. (600자)

❖ 5명 이상의 철학자 생각을 인용하여 작성할 것

1.

2.

200자

3.

4.

400자

600자

3. 주제 토론: 평등과 자격에 대하여

남보다 큰 힘을 가지려는 생각이
벌써 사람을 망가뜨린다.

문제 위 글을 바탕으로 우리 현대 사회에서 필요한 '평등과 그 자격'에 대하여 논하시오.(400자)

4. 천자문 (44/125)

諸(모두 제) 姑(시어미 고) 伯(맏 백) 叔(아저씨 숙)

고모, 백부, 숙부 등 집안 모든 가족은

猶(같을 유) 子(아들 자) 比(견줄 비) 兒(아이 아)

부모, 자식처럼 서로 화목해야 한다.

제고백숙   유자비아

諸姑伯叔 은   猶子比兒 라.

친족은 모든 관계의 근원이다.

[한자 세 번, 뜻 한 번을 쓰시오]

4. 논어 (論語)

위정편(爲政篇)

人無遠慮 면 必有近憂 라.
인무원려　　　필유근우

사람이 멀리 생각하지 않으면,
반드시 가까운 곳에서 우환이 일어난다.

멀리 그리고 크게 생각하지 않으면
가까운 사소한 일을 근심하게 될 것이다.

[한자 두 번, 뜻 한 번을 쓰시오]

일리아드 오디세이 (호메로스)

　기원전 8세기경에 호메로스(Homeros)가 지은 것으로 알려진 『일리아드(Iliad)』와 『오디세이(Odyssei)』는 기원전 13세기경의 희랍(希臘) 일대를 배경으로 한 이야기 시이다. 『일리아드』는 트로이 전쟁 중에 있었던 일을, 『오디세이』는 그 후의 사건들을 각각 다룬다. 앞의 작품에서 중심인물은 아킬레우스(Achilleus)이고, 뒤의 작품 주인공은 오디세우스(Odysseus)다.

　《일리아스》는 현존하는 고대 그리스문학의 가장 오래된 서사시이다. 이름은 트로이인들의 왕성인 '일리온'에서 유래하였다. '일리아스'란 이름은 '일리온의 노래' 란 뜻이다. 그리스의 전설적인 전쟁인 트로이아 전쟁을 배경으로 51일간의 사건을 노래한 것으로 그리스의 장군인 아킬레우스가 중심이 되어 원한과 복수에서 파생되는 인간의 비극을 다뤘다. 9년 동안 계속된 전쟁의 상황과 전쟁에 관여하는 올림포스의 신들, 장수들의 이야기 등을 위주로 한다. 이야기 전개에 따라서 시는 24편으로 나뉘며, 그리스의 대표적 시운중의 하나인 6각운으로 기술되었다. 각 권마다 그리스 문자의 24 알파벳 순서로 이름이 붙어있다. 그리스 문학의 대부분이 운명론에 따른 체념이나 절망을 보여주는 것과는 달리 정해진 운명에 굴하지 않고 영광된 죽음을 택하는 영웅의 모습을 보여주고 있다.

* Ref: 관련 백과사전 등 참고

인문고전 추천 44

일리아드 오디세이 (호메로스)

일리아드

황금 사과
전쟁의 씨앗
시작된 전쟁
아킬레우스와 아가멤논의 불화
신들의 대화
메넬라오스와 파리스의 결투
신들의 뜻
후퇴를 모르는 전사 디오메데스
헥토르와 그의 아내
헥토르와 아이아스의 결투
제우스의 저울
아가멤논의 후회
염탐꾼
방벽까지 밀려간 그리스군
독수리의 계시
파트로클로스의 출전
아킬레우스의 분노
헥토르와 아킬레우스의 대결
프라이모스 왕의 눈물
아킬레우스의 죽음
트로이의 목마

오디세이

오디세우스 궁전
텔레마코스의 여행
모험의 시작
키클롭스의 섬
돼지로 변한 군사들
요정 칼립소
파이아케스 왕국
오디세우스의 귀향
궁전으로 간 오디세우스
유모와의 만남
권투 시합
오디세우스의 활

독서 노트 (44)

[일리아드에 흐르는 정신(교훈)에 대하여]

1. 저자
 : 호메로스

2. 도서
 : 일리아드 오디세이 중 '일리아드'

3. 독서 노트
　(1) 등장 인물을 중심으로 이야기를 요약하시오. (600자)
　(2) 감명 깊었던 이야기 세 가지를 요약 기술하시오. (각 200자)
　(3) '일리아드'에 흐르는 세 가지 정신(교훈)에 대하여 기술하시오. (각 200자)

4. 기간
 : 2주

독서노트

(1) 등장 인물을 중심으로 이야기를 요약하시오. (600자)

독서노트

(2) 감명 깊었던 이야기 세 가지를 요약 기술하시오. (각 200자)

1.

200자

2.

400자

3.

600자

독서노트

(3) 일리아드에 흐르는 세 가지 정신(교훈)에 대하여 기술하시오. (각 200자)

1.

2.

3.

Summary

1. 나에 대하여

    : 자신의 삶 그리고 '꿈과 목표' 속에서 자신이 '평등할 자격'이 있는지 설명하시오. (400자)

2. 고전읽기

    : 냉철한 그리고 분노하는, 철학자들의 이야기

3. 주제토론

    : 평등과 자격에 대하여

4. 천자문 / 논어

5. 독서 노트

    : 일리아드 오디세이 중 '일리아드' (호메로스)

평등과 자격에 대하여

✱ 44. 평등과 자격에 대하여 자신의 생각을 종합하시오.

45. 시간과 존재에 대하여

시간에 따라 존재가 변화하는가, 존재에 따라 시간이 변화하는가?

1. 나에 대하여

나의 변화에 대하여 논하시오. (600자)
: 변화의 원인, 이유, 변화에 대한 태도, 변화의 지향점

2. 독서: 실존을 넘어서

시간과 존재에 대하여

존재에 영향을 미치는
시간의 작용, 시간의 본질,
시간으로부터의 탈출, 시간의 독립,
시간의 무화에 대하여 차분히 사유해보자.

* Ref: 실존을 넘어서, 자유정신사 (2010)

2. 독서: 실존을 넘어서

1. 시간의 작용

큰 느티나무에서 산을 내려가자, 하늘이 넓게 보이는 동그랗고 작은 언덕이 드러난다.

[우리가 지금 느끼고 있는 시간은 무엇인가, 그리고 그 시간과 존재의 관계는 무엇인가.]

아마도 우리가 찾고 있는 실존 [나]를 찾는다고 해도, 우리는 존재의 [시간에 의한 무너져 내림]에 대한 두려움과 의문을 갖고 있을 것이다. 우리는 오랫동안 침묵하면서, 시간과 존재 [나]에 대하여 이렇게 사유했다.

- 시간은 나를 생성시키는가. 무너뜨리는가. 시간과 [나]는 좌표축이 다르다. 그는 나를 생성시키지도 무너뜨리지도 않는다. 시간과 존재는 서로 각자의 길을 갈 뿐이다.

- [나]는 존재하는 나, 의지하는 나, 인식하는 나로 구분된다. 이때 시간은 각각 다르게 작용한다. 나는 시간에 따라 변화할 수밖에 없다.

2. 독서: 실존을 넘어서

🖋 시간이 나를 파괴해도 변화 없이 남는 것. 그것이 존재 [나]이다. 그렇지 않으면 완전성이 성립하지 않는다. 그러므로 [나]는 육체와는 관계가 없다.

시간이 흐르는 것을 인지(認知)하는 것은 인간 인식 중 가장 중요한 작용이다. 단지 몇 분 동안, 시간의 흐름만을 인식하며 모든 외부 작용으로부터 자신을 격리시킨다면, 우리는 시간과 자신의 동질성을 서서히 조금씩 인식하게 된다. 시간의 흐름에 자신을 맞기면 되니 어려운 일은 아니다.

시간은 자신과 독립적으로 경과하는 것으로 인식되어 왔으나, 어느새 자신과 연결되어 동일하게 움직이기 시작한다. 자기 변화를 인식하는 순간, 시간은 움직이며, 자신의 불변성이 인식되는 순간, 시간은 고정된다. 이것은 [인식적 시간]이다. 시간을 인식하기 시작하면 우리 인간 일반은 즉시 초조감과 두려움에 휩싸여, 이 인식 상태로부터 벗어나기 위해 노력한다. 시간은 하나둘씩 자신의 현재 모습을 현시(顯示)하며, 자신의 존재를 느끼게 하는 힘이 있기 때문이다. 모든 철학과 사유 목표가 근원 존재에 대한 사유이지만, 준비되어 있지 않다면 자기 존재를 인식하는 것만큼 두려운 것도 없다. 자신이 살아온 삶이 무너질지도 모르기 때문이다.

2. 독서: 실존을 넘어서

시간은 인간 일반으로부터 모든 것을 빼앗는 듯하지만, 다시 생각해 보면 우리 삶이 충실하도록 도와준다. 시간은 인간이 죽어야 한다는 것을 인식하도록 그 칼날을 휘두르는 듯하지만, 인간에게 드리워진 죽음의 그림자와 투쟁하며 우리 생명을 지킨다. 시간은 존재에 대한 증거를 끊임없이 보여주며, 우리 인간 일반이 자신의 존재로부터 이탈되지 않도록 항상 존재를 암시한다.

우리는 이제 시간에 대하여 이야기를 시작한다. [나]를 찾기 위한 열쇠 중 하나가 시간인가. 시간은 우리 모든 것을 무너뜨린다. 시간을 알지 못하면서 존재를 완전히 이해할 수는 없다. 그러나 누구도 이야기할 수 없었던 시간에 대하여, 우리는 이해할 수 있을 것인가. 아마도 우리 이해 문제이든, 부족함이든, 그렇게 만족할 만한 이야기를 얻을 수 없을지도 모른다. 하지만 인식자에게 [시간사유철학]에 대한 시도는 간과할 수 없는 과정이다.

2. 독서: 실존을 넘어서

문제 1 핵심 내용을 페이지 별로 해석적 요약, 설명하시오. (각 200자)

1.

200자

2.

400자

3.

600자

2. 독서: 실존을 넘어서

2. 시간의 세가지 본질

[시간이란 무엇인가. 시간의 본질은 무엇인가. 그리고 그것이 시간의 본질에 대하여 안다는 것이 우리 삶과 무슨 상관이 있는가.]

우리는 시간의 본질과 존재 [나]에 대하여 이렇게 사유한다.

- 시간을 초월한 [나]와 시간 속 [나]의 대립이 존재 탐구자에게 마지막 과제를 부여한다.

- 향나무로 여우를 조각하면 여우이고 사자를 조각하면 사자라 한다. 그러나 오랜 시간 후에는 구분이 없어진다. 우리의 [나]와 [너]도 동일하다. 시간은 우리를 동일화시킨다.

- 시간과 존재를 다른 좌표축에서 같은 좌표축으로 전환하면 시간과 존재가 서로 다툴 것이다. 그러나 결국 평면화된다.

- 우리의 삶에 시간이 들어오면 철학이 추구하는 가치가 흔들린다. 도덕, 정의, 선악이 시간의 철퇴에 살아남을 수 있을까. 그뿐만이 아니다. 지금 삶이 고통스럽다면 유익한 지식이다.

2. 독서: 실존을 넘어서

시간은 시간을 조금 더 느끼고 인식하면 우주에서 동일성을 가진 유일한 존재로서, 우주의 감추어진 지식을 얻을 수 있는 열쇠임을 서서히 드러낸다. 시간은 경과하는 것으로만 인식되어 왔기 때문에 우리는 시간 고정을 인식하는 데 익숙하지 않다. [시간 멈춤이 가능한가.] [모든 움직이는 것은 그 움직임을 멈출 것인가.] [우주의 창조자는 시간을 어떻게 창조하였는가.] [시계 작은 바늘이 몇 번 회전하면 인간은 사라지는가.] 시간의 본질을 조용히 사유해 보자. 시간을 좀 더 외부 자극으로부터 격리된 채 사유하면, 시간에 따른 사물 변화 다양성이 눈에 들어온다. 동일 시간 안에서 사물 변화는 각각 다르며, 이로써 인간 일반은 모두, 시간에 따른 변화가 필연적으로 서로 다르다. 그러므로 시간은 모든 인식 개체에 따라, 그 변화가 모두 다르도록 존재를 변화시킨다. 이것이 시간의 첫 번째 본질 [시간의 개별성] 이다.

이제 여기서, 시간에 관한 인식의 변화를 가진다. 그것은 시간의 흐름에 따라 우리 삶을 맞추어 나가는 것이 아니라, 우리 삶에 맞추어 시간을 변화시킨다. 즉 시간 흐름 속에 존재를 자신을 변화시키는 것이 아니라, 존재 변화 속에서 시간 변화를 경험한다. 이것으로부터 숨겨진 시간의 두 번째 본질 [시간의 변화성]을 인식한다.

일반적으로 시간은 [연속성], [규칙성], [절대성]을 가지고 있

2. 독서: 실존을 넘어서

다. 우리는 시간에 대하여 힘이 미칠 수 없는 시간 종속성을 갖는다. 그러나 시간을 더욱 깊이 인식하여, 시간 연속성과 규칙성에서 벗어나도록 사유한다.

그 방법은 시간의 [개별성]과 [변화성]을 사유 공간 속에서 [인식]하는 것이다. 이때 우리가 스스로 주관하는 독립된 시간이 사유된다. 이것을 우리는 시간의 세 번째 본질, [시간의 독립성]으로 정의한다. 질서를 무너뜨릴 수 있다. 결코 무너뜨릴 수 없을 것 같은 시간의 관념도 무너뜨릴 수 있다. 우리는 계속 무질서의 세계를 창조해 갈 것이다.

우리는 시간의 세계로 들어왔다. 익숙하지는 않지만, 시간의 세 가지 본질에 대하여 생각하고, 시간을 존재로 사유하기 시작한다. 시간에 대한 사유가 우리를 지금까지 없던 무질서의 세계로 안내할 것을 기대한다. 그리고 그 무질서가 우리 실존적 존재 [나]에로의 길을 열어줄 것도 물론 기대한다.

가을 오후 산속, 붉고 노란 색 단풍, 차가운 공기, 소나무 향기 산바람 소리, 가슴 뛰게 하는 사람들의 아름다운 모습은 우리 사유를 방해한다. [시간사유철학]은 우리 육체적, 물리적 한계를 초월하게 하는 어릴 때 상상하던 마법과도 같은 힘을 갖도록 할 수 있을 것이다.

2. 독서: 실존을 넘어서

문제 2 핵심 내용을 페이지 별로 해석적 요약, 설명하시오. (각 200자)

1.

200자

2.

400자

3.

600자

2. 독서: 실존을 넘어서

3. 시간 유한성으로부터의 탈출

가을 오후가 시화(詩化)되며 시간이 멈추고 있는 듯하다.

[존재의 시간 유한성은 무엇인가. 우리가 시간을 정복하는 것은 불가능한 것 아니겠는가. 존재의 시간 유한성과 존재 [나]는 어떤 관계인가.]

- [나]를 발견하는 것은 나에게서 벗어나는 것이다. 그렇다고 시간으로부터도 벗어난 것은 아니다. 우리는 보통 짧은 동안만 시간을 느끼지 않을 수 있다. 서늘한 바람을 맞으며.

- 투명한 거인이 우리를 떠밀고 우리는 그에게 저항하지 못한다. 그러나 우리가 투명해지면 그도 찾지 못할 것이다. 투명해지려면 나를 가라앉히거나 나를 대상화(對象化)해야 대상과 일치시켜야 한다.

- 죽음이 모든 것을 무너뜨릴 것이다. 그러나 시간이 나를 부활시킨다. 왜냐하면, 존재는 사라져도 시간은 나의 모든 체취를 담고 있기 때문이다.

2. 독서: 실존을 넘어서

🌿 즐겁고 풍요로울 때, 나는 [나]를 생각하지 못한다. 필요 없기 때문이다. 그런데 어려울 때도 [나]를 생각하지 못한다. 이 또한 필요 없기 때문이다. 그러나 걱정은 없다. 나는 [나]를 떠난 적이 없다.

시간이 변화하여 대상(存在)이 변화하는 것인지, 대상이 변화하여 그에 따라 시간이 변하는 것인지에 대한 차이는 삶의 방식과 의미를 변화시킨다. 시간이 변화함에 따라 대상이 변화하는 것으로 자신의 삶을 구성하면 삶의 근원은 시간이다. [시간 근원 사유] 시간에 따라 자신의 삶이 변화되지 않을 수 없는 것으로 사유함으로써 존재는 시간으로부터 무력화된다.

반대로 대상 존재 의 변화에 따라 시간이 변화하는 것으로 삶을 구성하는 자들에게 삶의 근원은 대상(對象)이다. [대상 근원 사유] 그들에게는 시간의 의미는 없으며, 대상 또는 존재의 변화만이 삶을 변화시킬 수 있다고 사유한다. 이들에게서 시간은 오히려 종속적 의미로서 밖에 해석되지 않는다. 그러나 시간 종속성은 보통 어느 일정 삶의 기간에만 유효할 가능성이 크다. 그렇게 오래 지속할 것 같지 않다. 죽음이 그들을 기다리기 때문이다. 죽음이 다가옴에 따라 시간 종속성은 무너진다. 인간이 가지는 시간 유한성에 의해.

2. 독서: 실존을 넘어서

[어떻게 존재의 시간 유한성으로부터 탈출의 문을 발견할 수 있겠는가.] 이것이 시간에 대한 탐구를 위한 첫 번째 질문이다. 이 탐구를 통하여 시간에 대한 [즐거운 지식]이 발견될 것이다. 변화롭고 자유롭고 창조적이며 무질서한 삶을 위하여.

우리는 [시간 근원 사유]를 하고 있는가, [대상 근원 사유]를 하고 있는가. 오랫동안 생각이 필요하다. 그리고 또 다른 과제, [시간 유한성으로부터의 탈출], 존재가 시간을 초월할 수 있는지에 대하여 사유한다.

2. 독서: 실존을 넘어서

문제 3 핵심 내용을 페이지 별로 해석적 요약, 설명하시오. (각 200자)

1.

200자

2.

400자

3.

600자

2. 독서: 실존을 넘어서

4. 시간의 1차 · 2차 독립 : 시간의 인식론적 사유

[존재의 시간 유한성으로부터 탈출하는 방법은 무엇인가.]

- 시간을 하나의 대상(對象)으로 보아 자스민 나무를 보듯 대하면, 시간의 흐름과 나를 조금은 분리할 수 있다. 그러나 그 시선을 놓으면 시간은 나를 엄습한다.

- 시간이 우리의 사유 공간 내로 들어오면 공간의 굴곡이 발생한다. [나]는 고정되지 않고 무질서하게 움직인다. 그러므로 나는 한순간 허물어진다.

- 사유 공간 내에서 시간의 독립을 완성하면, 시간은 존재와 완전히 분리된다. 존재는 영원한 시간과 순간적 시간, 모두 선택 가능하다. 물론 사유 세계 속이다.

- [나]는 시간 속에서 존재하는 것이 아니라, 시간과 함께 평행한 공간에서 존재한다. 그리고 존재 [나]의 친구로서, 시간은 나를 기억한다. 그 기억은 우주 속에서 영원히 존재할 것이다.

우리는 인식론적 사유를 통한 시간 분석을 시도한다. 시간은

2. 독서: 실존을 넘어서

대상(對象, 物)으로부터 독립적으로 [존재 가능]하므로, 우리 변화와 무관하게 존재 가능하다. 우리는 이것을 인식을 통한 대상으로부터의 [시간의 1차 독립]으로 정의한다. 시간은 존재와 달리 변화와 무관하기 때문에 정지된 것처럼 사유될 수 있다. 그러므로 시간은 동일성 개념을 획득할 수 있다. 이 동일성은 시간을 경과 개념으로부터 공간 개념으로 전이시킨다. 시간은 대상(對象, 物)과 무관하게 정지된 무한 공간을 구성한다. 우리는 변화를 이 무한 공간 속에서 대상이 이동하는 것으로 사유한다.

시간은 직선적 경과가 아닌 공간으로 전환된다. 그런데 변화는 사유 공간에서 대상 (存在, 物)의 재구성을 의미하므로, 우리는 시간이라는 무한 공간과 자기 사유 공간 일치를 인식할 수 있다. 그러므로 [시간무한공간]은 사유화(思惟化) 가능하다. 자신의 사유 공간이 확대되면 [시간무한공간] 또한 새롭게 인식된다. 이 같은 작용으로 대상 변화가 사유되면, 이 변화를 수용할 수 있는 [시간무한공간]이 새롭게 변화된다.

대상과 시간을 독립시킴으로써 시간의 본질에 대한 인식에 우리 사유(思惟)를 접근시킬 수 있다. 시간도 이제 우리 의지대로 변화시킬 수 있는 사유 대상으로 창조된다. 즉 [시간무한공간]을 대상과 독립적으로 사유함으로써 대상과 시간 독립성이 사유 가능하다. 우리 철학자들은 지금까지 대상과 시간을 독립하려는 시도를 하지

2. 독서: 실존을 넘어서

않았다. 즉 촛불이 켜지고 초가 타는 것(對象)과 시간이 흘러가는 것을 서로 분리하여 생각하지 않았다. 우리 사유 공간으로부터 [시간 무한공간]을 다시 독립시킴으로써, 일반 사유 공간(인간 일반 삶)과 시간의 독립적 사유를 완성할 수 있다. 우리는 이것을 사유 공간을 통한 대상으로부터 [시간의 2차 독립]으로 정의한다.

인식을 통해 시간을 대상으로부터 독립시키고, 그 시간을 다시 자신의 사유 공간으로부터 독립시킨다. 대상(對象)이 존재가 인식 변화에 의해서도, 사유 공간 변화에 의해서도 변화하지 않을 수 있다는 시간의 1,2차 독립 것을 인식할 수 있다. 이로부터 자기 존재를 변화시킬 수 있는 것은 시간도 아니고 사유(思惟)도 아님을 인식할 수 있다. 시간 유한성에서 벗어나 자신의 존재를 변화시킬 수 있는 것은 시간이 아니라, 자신의 실존적 존재 [나]뿐이다.

존재와 시간의 독립. 그런데 이것은 지금까지의 우리 [시간 질서]에 위배되지 않는가. 지금까지 우리 질서가 [거짓]이었던가. 질서가 무너지는가. 우리에게 [시간사유철학]은 실질적으로 유익한 무엇을 부여하는가. 우리 마음을 안정시키는가, 극심한 정신적 고통에 어떻게 작용하는가. 그러나 우리가 시간을 소유한다면, 삶의 어려움을 극복하게 하는 또 다른 즐거운 지식 속에서, 투명한 밝음을 볼 것이다. [시간사유철학]은 우리 철학에 새로운 관점을 제시해 준다. 우리 중 누가 먼저 그 해답을 제시할 것인가.

2. 독서: 실존을 넘어서

문제 4 핵심 내용을 페이지 별로 해석적 요약, 설명하시오. (각 200자)

1.

200자

2.

400자

3.

600자

2. 독서: 실존을 넘어서

5. 시간의 무화(無化)와 존재의 불확실성

우리 관심이 시간으로 집중되고 있다. 무질서의 세계를 찾기 위해, 시간은 어떤 역할을 할 것인가.

[시간을 어떻게 존재로서 사유할 수 있는가.]

☞ 모든 것은 [나] 때문에 일어난다. 작은 행동, 생각조차 모두 [나를 위하여]이다. 타자에 대한 고려는 대부분 위장일 뿐이다. 세상 사람들 대부분 그렇다. 이것이 시간이 비정한 이유이다.

☞ 아픔은 대상(對象)에 작용하는 것이다. 시간에 작용하지 않는다. 마찬가지로 [나]에게도 작용하지 않는다. 나 때문에 [나]는 두려워하지 않는다.

☞ 존재를 무화(無化)시키면 시간이 정지한다. 이 지식은 죽음을 앞둔 우리 인간 일반 모두에게 유익하다.

☞ 시간이 없는 세계 속에서, 존재는 블랙홀과 같이 모든 대상(對象)을 흡수한다. 이와 비교하면 그 누구일지라도 그가 소유하고 있는 것은 별것 아니다.

2. 독서: 실존을 넘어서

우주 무한 공간 총합은 변화가 없다고 인식하면, 우주 무한 공간 총합 상태는 시간에 독립적이며, 우주 총합 관점에서 시간은 정지(無化)된다. 시간을 존재론적 사유를 통하여 분석해 보자. 우주 무한 공간, 무변화에 의한 정지된 시간 속에서, 만일 우주 무한 공간 존재 총합에 변화가 일어난다면 우주는 그럴 가능성이 충분히 있다. 시간은 움직이기 변화하기 시작한다. 시간은 정지 또는 무(無) 로부터 변화를 시작한다.

변화는 존재의 본질이다. 이로써 시간은 비존재(非存在)에서 존재(存在)로 전환된다. 우리는 이것을 [시간의 불확실성]으로 정의한다. 이처럼 시간의 존재화 원인이 존재 존재 총합 변화라면, 일반적으로 시간의 [무화(無化) 또는 존재화]가 존재론적으로 성취 가능하다고 할 수 있다. 그런데 우리 인간 일반 [통합사유공간]은 존재를 포함한다. 그러므로 인간 일반 [통합사유공간]은 시간을 무화(無化) 또는 존재화 시킬 수 있다. 무한 우주 공간 총합 불변성을 기준으로 한, 시간의 무화 무변화의시간 와 사유 공간을 일치시키면, 무변화 무화 시간은 우리 사유 공간을 혼란 시킨다. 시간은 멈추었으나 존재 변화가 없어야 한다. 우리 사유 공간 속 존재는 변화하는 [존재의 불확실성]이 성립할 수 있기 때문이다.

이와 같이 우리 사유 공간 속에서 모든 외부 자극으로부터 존재를 고정하면서 시간을 인식하면 [시간의 불확실성] 시간의 존재화

2. 독서: 실존을 넘어서

및 무화(無化)의 겹침 이 사유되며, 시간을 고정하고 존재를 인식하면 [존재의 불확실성]이 사유된다. 이렇게, 시간은 그 변화와 무변화를 통하여 [시간의 불확실성]과 [존재의 불확실성]을 현시(顯示)한다. [시간의 불확실성]과 [존재의 불확실성], 오랫동안 가장 확실했던 시간과 존재 본질을 흔든다. 무질서 세계가 준비되고 있다. 우리는 질서 세계 속에서 잃어버렸던 [나]를, 무질서 세계 속에서 다시 찾으려 한다.

우리는 실존적 존재 [나]를 질서의 세계 속에서는 찾을 수 없다. 세계와 삶의 질서로부터 기인하는 부조리에 대하여, 우리는 이미 잘 알고 있지 않은가.

2. 독서: 실존을 넘어서

문제 5 핵심 내용을 페이지 별로 해석적 요약, 설명하시오. (각 200자)

1.

200자

2.

400자

3.

600자

2. 독서: 실존을 넘어서

문제 6 시간과 존재의 관계에 대해 종합적으로 논하시오. (각 600자)

3. 주제 토론: 시간과 존재에 대하여

행복에 도달할 수는 있다.
그러나 그곳에 머물기는 힘들다.
오만 때문이다.

문제 위 글을 바탕으로, '시간과 존재'의 관점으로 '정신의 변화'는 '왜' 그리고 '어떻게' 일어나는지 논하시오. (400자)

4. 천자문 (45/125)

孔(깊을공) 懷(품을회) 兄(맏형) 弟(아우제)
사람은 서로 사랑하여 형제와 같이 의좋게 지내야 한다.

同(같을동) 氣(기운기) 連(이을연) 枝(가지지)
사람은 같은 선조의 기운을 받았으니 나무의 가지와 같다.

공회형제　　　　동기연지

孔懷兄弟 이고　　同氣連枝 라.

사람은 모두 같은 근원이다.

[한자 세 번, 뜻 한 번을 쓰시오]

4. 논어 (論語)

위정편(爲政篇)

衆惡之라도 必察焉하며 중오지 라도 필찰언 하며
衆好之라도 必察焉하라. 중호지 라도 필찰언 하라.

여러 사람이 미워해도 반드시 살펴보아야 하며
여러 사람이 좋아해도 반드시 살펴보아야 한다.

여러 사람의 생각이 항상 옳은 것은 아니다.
옳고 그름은 신중히 스스로 판단해야 한다.

[한자 두 번, 뜻 한 번을 쓰시오]

노자 (老子)

노자 (초나라, 기원전 ~500년)

　　노장사상(老莊思想)은 중국사상(中國思想)의 여명기인 춘추전국시대 이래 유가(儒家)와 함께 중국 철학의 두 주류를 이루었던 학파이다. 노장사상은 춘추전국시대의 제자백가의 하나로, 대표적인 사상가는 노자와 장자이며, 전국시대 중기에 유가와 함께 유력하였다.

　　노장사상은 참된 길, 즉 도(道)는 인위(人爲)를 초월한 곳에 있으며 그것은 직관에 의해 체득되는 것으로 사람은 그 참된 길로 돌아가지 않으면 안된다고 가르쳤다. 또 인위(人爲)를 배제하고 무위자연(無爲自然)이 될 것을 권했는데, 배제해야 할 인위(人爲) 중에서 주된 것은 유가의 도(道)인 인(仁)이나 예(禮)라고 말했다.

　　중국사상의 양대 흐름인 유가와 노장사상(도가)의 차이점을 살펴보면, 현실적이며 긍정적인 유가가 군주의 통치권을 합리화하여 역대 왕조의 통치이념으로써 사회의 기본사상으로 자리잡은 것에 비해, 노장(도가)사상은 현실부정적이고 도피적인 성향이 강해 하층민을 중심으로 뿌리를 내려 후에 도교로 발전하였고, 주로 민간신앙과 철학적 사고의 원천이 되었다. 이러한 차이로 인해, 유가가 지배자의 사상을 대변한다면 도가는 지배층에 대항하는 피지배자의 사상으로 대변되었다.

　　노장사상은 한나라(漢) 이후 구체적인 모습을 가진 철학 학파로서의 독립성은 잃어버렸지만, 그 사상은 후세 중국 불교에 수용되었고, 도교(道敎)의 교리의 형성을 도왔으며, 문예(文藝)의 발달을 촉진시켰다.

* Ref: 관련 백과사전 등 참고

독서 노트 (45)

[노자에 흐르는 정신(교훈)에 대하여]

1. 저자
   : 노자

2. 도서
   : 노자

3. 독서노트
   (1) 중요하게 생각하는 열 가지 이야기를 기술하시오. (각 100자)
   (2) 정리한 열 가지 이야기에 흐르는 정신(교훈)을 두 가지로 나누고, 각 이야기를 인용하면서 노자의 두 가지 정신(교훈)에 대하여 설명하시오. (각 300자)

4. 기간
   : 2주

독서노트

(1) 중요하게 생각하는 열 가지 이야기를 기술하시오. (각 100자)

1.

2.

3.

4.

5.

독서노트

(1) 중요하게 생각하는 열 가지 이야기를 기술하시오. (각 100자)

6.

7.

200자

8.

9.

400자

10.

600자

독서노트

(2) 정리한 열 가지 이야기에 흐르는 정신(교훈)을 두 가지로 나누고, 각 이야기를 인용하면서 노자의 두 가지 정신(교훈)에 대하여 설명하시오. (각 300자)

1.

2.

Summary

1. 나에 대하여

: 나의 변화에 대하여 논하시오. (600자): 변화의 원인, 이유, 변화에 대한 태도, 변화의 지향점

2. 독서

: 실존을 넘어서

3. 주제토론

: '시간과 존재'에 대하여

4. 천자문 / 논어

5. 독서 노트

: 노자, 노자(도덕경)

시간과 존재에 대하여

✱ 45. 시간과 존재에 대하여 자신의 생각을 종합하시오.

46. 자유와 평등에 대하여

자유가 우선인가, 평등이 우선인가?

46. 자유와 평등에 대하여

❋ 자유와 평등 중 하나만 선택하라면
무엇을 선택할 것인가?

❋ 내 자유를 선택하면
사람들과의 평등 속에서 느끼는 '선하고 순박한 행복'이 사라지고
사람들과의 평등을 선택하면
자유의 구속으로 '자유의지의 행복'이 사라진다.

❋ 평등 속에는 '자유의 평등' 또한 포함한다.
자유 속에는 평등에 대한 고려가 크지 않다.

❋ 평등 속에는 공동체의 가치가 개인의 가치에 우선하며
자유 속에는 개인의 가치가 공동체의 가치보다 우선한다.

❋ 자유와 평등은 그 기원이 다르다.
자유는 자신을 그 근원으로 하며,
평등은 타인을 그 근원으로 한다.

1. 나에 대하여

자신은 자유와 평등 중 무엇을 우선하는지
각각의 가치를 비교하여 논하시오. (500자)
: 공통점과 차이점을 자세히 분석적으로 논할 것

2. 고전 읽기: 홉스, 리바이어던

홉스   리바이어던

홉스는 '리바이어던'에서
인간의 자연 상태를 '투쟁 상태'로 정의한다.
이를 극복하고 만인의 평화를 이루기 위한
19가지 자연법을 제시한다.
자유와 평등은 그 기원이 다르다.
자유는 자신을 그 근원으로 하며,
평등은 타인을 그 근원으로 한다.

2. 고전 읽기: 홉스, 리바이어던

1. 자연 상태

자연은 육체적으로나 정신적으로 인간을 동등하게 창조했다. 때로는 한 사람이 다른 사람보다 신체적으로 더 강하거나 정신적으로 민첩하지만 모든 것을 고려할 때 인간의 차이는 그리 크지 않다. 그것은 육체적 힘의 관점에서 가장 약한 사람이라도 자신과 같은 입장에 있는 다른 사람들과의 음모 또는 연대를 통해 가장 강한 힘을 가진 사람을 죽일 수 있는 충분한 힘을 가질 수 있기 때문이다.

또한 내 견해로는 정신력 쪽이 물리적 힘보다 더 평등하다. 정신적 분별력은 경험과 다르지 않기 때문에 경험은 모든 사람에게 거의 비슷하게 주어지기 때문이다.

인간이 평등하지 않다고 믿는 것은 인간의 헛된 자존심에 지나지 않는다. 대부분의 사람들은 자신이 다른 사람들보다 현명하다고 생각한다. 자신의 지혜는 가까이서 볼 수 있고 다른 사람의 지혜는 멀리서 보기 때문이다. 그러나 이것은 또한 인간이 평등하다는 것의 또 다른 증명에 불과하다.

그러나 사람 '능력의 평등'에서 목표를 달성하려는 각 개인의 '희망의 평등'이 만들어진다. 이때, 사람이 똑같은 것을 원하고 둘 다 원하는 것을 모두 얻을 수 없다면, 두 사람은 적으로 바뀐다. 그리고 자신의 목적을 달성하는 과정에서 상대방을 파괴하거나 복종시키려 시도한다.

이것으로부터 다음과 같은 일이 발생하게 된다. 사람의 개인적인

2. 고전 읽기: 홉스, 리바이어던

힘 이외의 다른 외적 두려움이 없는 경우, 힘을 가진 침략자는 약한 인간의 노동의 열매는 물론 그의 생명과 자유도 빼앗으려고 시도할 것이다. 물론 그 침입자 또한 상황에 따라 더 강한 다른 사람에 의해 똑같은 위험에 처하게 될 것이다.

서로에 대한 신뢰 부족 상태에서는 먼저 선공을 취하는 것보다 자신을 방어하는 더 좋은 방법은 없다. 다시 말해, 사람들은 더 이상 위험이 없다는 것을 확신할 수 있을 때까지 폭력이나 책략을 통해 다른 사람들을 지배하고 정복하려 할 것이다. 이것은 자신을 보존하기 위해 해야 할 매우 당연한 일이다.

그러므로 우리는 인간 본성에서 갈등의 세 가지 기본 원인을 발견합니다. 첫 번째는 경쟁이고, 두 번째는 신뢰 부족이며, 세 번째는 명예욕이다.

경쟁은 인간이 원하는 것을 상대방을 공격하게 한다. 상호 신뢰에 대한 자신감이 없는 경우도 상대방을 공격하여 안전을 확보하려 할 것이다. 명예 또한 그것을 위해 상대방을 공격하게 한다.

경쟁은 폭력을 사용하여 다른 사람의 신체와 인격뿐만 아니라 가족들과 가축도 지배하려 한다. 신뢰가 부족하면 폭력을 사용하여 자신을 보호하게 된다. 명예는 말 한마디로, 미소 한 번으로, 다른 의견으로, 가치를 무시하는 표시 따위의 사소한 일에 폭력을 사용되도록 유도한다.

결국, 모든 사람을 두려움에 떨게 하는 공공의 힘이 없는 상태에서 사는 인간은 전쟁의 상태에 놓일 수밖에 없다. 그러한 다툼 (싸움, 전쟁)은 '만인의 만인에 대한 투쟁' 상태라 명명한다.

2. 고전 읽기: 홉스, 리바이어던

투쟁이란 실제 전투나 전쟁 행위뿐만 아니라 전쟁에 대한 확고한 의지까지도 포함하기 때문이다. 그러므로 전쟁의 본질과 관련하여 기후의 본질과 마찬가지로 시간의 개념을 고려해야 한다. 예를 들어 사나운 날씨의 특성은 비가 한두 번 온 것으로는 판단되지 않지만 여러 날 동안의 추세를 보고는 판단할 수 있는 것이다. 이처럼 전쟁의 상태, 투쟁의 상태는 실제 몇 번의 싸움으로 판단 할 수 없지만, 평화가 보장되지 않는 시기가 지속된다면 어느 정도 판단할 수 있다.

그러므로 만인이 만인에 대한 적대적인 전쟁의 상태에서 열심히 일할 필요는 없다. 결실을 얻기 위해 열심히 노력해도 그것을 수확할 보장이 없기 때문이다.

그러므로 농사, 항해, 바다를 통해 수입되는 물품의 활용, 넓고 편리한 건물, 많은 힘을 필요로 하는 교통수단, 표면 지식, 시간 계산, 예술 또는 문화, 사회생활 등, 이 중 어떤 것도 절대 자연 상태가 아니다. 그리고 최악의 것은 폭력에 의해 죽을 위험과 지속적인 두려움이다. 그렇기 때문에 투쟁이나 전쟁 상태 인간의 삶은 외롭고 가난하고 더럽고 잔인하며 짧다.

이러한 것들을 신중하게 고려하지 않는 사람들에게는 자연 상태가 인간을 서로 침략하게 하고 서로 파괴하도록 한다고 말하는 것이 이상하게 들릴 수 있다. 다음의 경우를 잘 생각해보자. 예를 들면 「여행을 가는데 무장을 단단히 하고 동료들과 함께 갈 예정이다. 잠자리에 들 때는 문을 잠근다. 집에 있을 때에도 금고를 잠근다. 그리고 법과 경찰이 있다는 것을 알지만, 불공평한 대우를 받으면 복수하려고 무장한다.」 같은 경우이다.

2. 고전 읽기: 홉스, 리바이어던

우리는 누군가 여행 중 무장을 한다면 동료에 대해 어떻게 생각하고 있는지, 문을 잠그면 이웃에 대해 어떻게 생각하고, 금고를 잠그면 자녀와 종에 대해 어떻게 생각하는지를 그들의 행동으로 알 수 있다. 내가 자연 상태의 인류를 말로 비난하는 것처럼 그들은 행동으로 인류를 비난하는 것이다.

그러나 우리 중 어느 누구도 인간 본성을 탓할 수 없다. 인간의 욕망이나 다른 열정은 그 자체로는 죄가 없다. 법이 금지한다는 것을 알기 전까지는 인간의 신념에 따른 행동은 죄가 아니다. 법률이 제정될 때까지 어떤 행동이 죄가 있는지 아는 것은 불가능하다. 또한, 자격을 갖춘 사람이 동의할 때까지는 어떤 법률도 만들 수 없다.

아마도 이런 투쟁과 전쟁의 시간이나 전쟁 상태를 본 적이 없다고 생각할 수 있다. 나 또한 이 상태가 보편적이라는 믿음은 없다. 그러나 여전히 그런 곳이 많이 있다. 평화롭게 살던 사람이 전쟁 상태가 되면 느끼는 두려움은 공공의 힘이 없는 곳에서 사람들이 어떤 생활을 할지 알게 한다.

만인의 만인에 대한 전쟁의 상태가 없었음에도 불구하고, 왕이나 최고 권력자는 나이와 관계없이 자신의 지위를 유지하기 위해 끊임없이 경계했다는 것은 의심의 여지가 없다. 이것은 마치 검투사와 같으며 반대편에 무기를 겨냥하고 잠시도 눈을 떼지 않고 있다. 따라서 요새를 만들고 무기를 장비하며 지속적으로 이웃 국가에 스파이를 보내는 것은 이미 전쟁의 상태이다.

2. 고전 읽기: 홉스, 리바이어던

만인에 대한 전쟁 상태에서는 어떤 것도 부당한 것이 없다는 것도 당연하다. 이때, 옳고 그름, 정의와 불의의 개념은 없다. 공적 권력이 없으면 법이 없고, 법이 없으면 불의도 없기 때문이다. 전쟁에서 폭력과 배신은 기본적인 미덕이다.

또한 전쟁 상태에서는 소유권이나 통제권이 없으며 내 것과 당신 것의 구분이 없는 것도 당연하다. 전쟁 상태에서는 그 무엇도 얻을 수 있는 것만 그리고 그것을 유지할 수 있는 동안만 자신의 소유이다.

이 상태에서 벗어날 가능성은 부분적으로 인간의 신념과 부분적으로 인간의 이성적 능력에서 찾을 수 있다. 인간을 평화로 이끄는 열정은 죽음에 대한 두려움과 편안한 삶에 대한 열망이다. 인간의 합리적 이성은 인간이 합의에 도달할 수 있도록 평화를 제공한다. 이러한 조항을 자연법이라 한다. 자연법은 14장과 15장에서 더 자세히 논의될 것이다.

2. 고전 읽기: 홉스, 리바이어던

문제 1 각 Page의 핵심 내용을 요약, 설명하시오. (각 200자)

1.

2.

3.

2. 고전 읽기: 홉스, 리바이어던

문제 1 각 Page의 핵심 내용을 요약, 설명하시오. (각 200자)

4.

200자

5.

400자

600자

2. 고전 읽기: 홉스, 리바이어던

문제 2 리바이어던의 한 가지 주장을 선택해 비판하시오. (400자)

2. 고전 읽기: 홉스, 리바이어던

2. 제 1, 2 자연법, 계약

인간의 자연권은 개인이 자신의 생명을 보존하고자 할 때마다 자신의 힘을 사용할 수 있는 자유를 의미한다. 다시 말해, 당신의 판단과 이성에 가장 적합한 수단을 수행하는 자유이다. 엄밀히 말하면, 자유 상태는 외부 장애물이 없음을 의미한다.

자연법은 이성에 의해 발견되는 법률 또는 규칙이다. 자연법을 통해 인간은 자신의 생명에 해로운 것을 행할 수 없다는 근거를 얻는다. 또한 생명을 보존하는 수단을 빼앗는 것도 금지한다. 또한 자신의 생명을 보존하는 가장 좋은 방법에 태만한 것도 허용되지 않는다.

이와 관련하여 사람들은 때때로 권리와 법을 구분 없이 사용하려 하는데, 권리와 법은 명확하게 구별해야 한다. 권리는 하거나 하지 않을 광범위한 자유이지만, 법이 그들 중 하나를 선택하고, 그것의 자유를 제한하는 것이기 때문이다.

이전 장에서 이미 언급한 바와 같이. 인간의 자연 상태는 만인의 전쟁 상태이기 때문에 모든 사람은 법이 아닌 자신의 이성에 따를 수밖에 없다. 그리고 누구나 적을 상대로 자신의 생명을 보존하는 데 도움이 되는 모든 것을 할 권리가 있다.

이처럼 자연 상태에서는 모든 사람이 모든 것에 대한 권리를 갖는다. 자신의 생명을 위해서라면 심지어 상대방의 신체에 대한 권리도 보유한다. 그러므로 모든 것에 대한 이 같은 자연권이 존재하는 한, 아무도 안전할 수 없다. 아무리 강하고 아무리 현명한 사람도 자연이 사람에게 부여한 시간을 마음 편히 살아갈 수 없게 된다.

2. 고전 읽기: 홉스, 리바이어던

결과적으로, 다음은 이성 법칙 또는 일반법이 된다.

평화에 도달할 수 있다는 희망이 있다면 평화를 달성하려고 노력해야 한다. 그러나 평화가 불가능할 때에는 전쟁의 도움과 혜택을 이용할 수 있다. 이 규칙의 첫 문장은 아래의 가장 기본적인 자연법을 포함한다.

인간의 **제 1 자연법**은 「평화를 추구하고 그를 따르라.」이다.

다만, 이 규칙의 두 번째 문장에서 자연권은 다음과 같이 다른 측면을 말하고 있다.

"우리는 자신을 보호할 목적으로 모든 수단과 방법을 동원할 권리가 있다."

제 2 자연법은 인간이 평화를 위해 노력할 책임이 있다는 위의 기본 자연법에서 파생한다.

"평화와 자기방어에 필요하다고 생각한다면, 다른 모든 사람들과 마찬가지로 모든 것에 대한 자연권을 기꺼이 포기해야 하며, 다른 사람에게 허용된 자유, 그만큼만 자신에게도 허용된다."

이 자연법의 기원은 모든 사람이 원하는 대로 무언가를 할 권리가 보장되는 한, 인간은 투쟁과 전쟁 상태를 벗어날 수 없기 때문이다. 그러나 다른 사람들이 자신의 권리를 포기하지 않으려 한다면, 아무도 자신의 권리를 스스로 포기할 이유가 없다. 자신의 권리를 포기하는 것은 다른 사람에게 자신을 먹잇감으로 던지는 셈이기 때문이다.

권리란 스스로 포기하거나 다른 사람에게 양도함으로써 사라진다.

2. 고전 읽기: 홉스, 리바이어던

    권리를 포기한다는 것은 포기할 때 누가 혜택을 받는지 상관하지 않는 경우를 말한다. 한편, 권리를 양도하는 것은 특정 개인이나 그룹에게 그 혜택을 돌아가도록 의도하는 경우를 말한다. 또한 이때, 자신이 단순히 권리를 포기하거나 또는 다른 사람에게 양도하든, 그 권리를 포기함으로써 혜택을 받는 사람을 방해하지 않아야 할 의무가 생긴다. 자신의 자발적인 행동을 무효화하지 않는 것도 자신의 의무가 된다. 권리의 양도 이후에는 양도받은 사람의 혜택을 방해하는 것은 불공정한 불의이며 다른 사람의 권리를 침해하는 것이기 때문이다.

    인간은 자신에게 돌아올 혜택이나 이익을 염두에 두고 권리를 양도하거나 포기한다. 만일 인간이 자발적으로 권리를 양도하거나 포기한다면 그는 자신의 이익을 증진시킬 숨겨진 목적을 가지고 있기 때문이다.

    이에 따라, 사람이 절대 포기하거나 양도할 권리가 없는 것도 있다. 인간은 폭력을 사용하여 목숨을 앗아가는 사람들을 저항할 권리를 결코 포기할 수 없다. 누군가 그렇게 할 때, 그에게 이로운 것이 하나도 없기 때문이다. 속박이나 구금의 경우에도 동일하다. 속박이나 구금을 견디는 데에 어떠한 이점도 없기 때문이다. 궁극적으로 권리를 양도하고 포기하려는 동기와 목적은 생명을 보장하는 것이다.

    「계약은 권리의 상호 양도를 의미한다.」

    그러나 물건에 대한 권리의 양도와 물건 자체의 인도와는 차이가 있다. 물건의 인도는 권리를 양도하는 것과 동시에 (예를 들어 돈으로

2. 고전 읽기: 홉스, 리바이어던

사고팔 때 또는 돈과 토지를 교환할 때) 또는 얼마 후에 전달될 수도 있기 때문이다.

또한 계약의 두 당사자 중 하나가 계약을 이행한 경우 (계약된 상품 전달) 상대방이 특정 기간 후에 계약을 이행하기를 믿고 기다리는 경우 (다른 당사자가 특정 기간 이후에 인도), 그동안 상대방을 신뢰하는 상태에 두는 것이고, 이 계약은 상대방 관점에서는 약속이라고 한다.

상호적이지 않은 권리의 양도, 즉 당사자 중 한 명이 상대방이나 다른 친구와의 우정이나 도움을 얻거나, 자선 또는 고귀함에 대한 명성을 얻거나, 동정심의 고통에서 자신의 마음을 자유롭게 하기 위해서거나, 또는 하늘에서 보상을 받을 권리를 위해서라면, 이것은 계약이 아니라 증여나 선물 또는 자비가 될 것이다.

언어를 통해 나타내거나 추론에 의해 이루어질 수 있도록 계약은 표시된다. 나타낸다는 것은 말로 표현하는 것을 의미한다. 추론에 의해 만들어진다는 것은 말의 결과, 때로는 침묵의 결과, 때로는 행동의 결과, 때로는 인내의 결과로부터 추론한다는 의미이다. 일반적으로 계약자의 의도를 충분히 입증할 수 있는 표시인 경우, 이는 또한 모든 사람이 계약을 추측할 수 있는 표시이다.

누군가 한 말이 미래에 관한 것이며 단지, 말로 한 약속이라면, 그것에 대한 의무는 없다. "내일 줄게"라고 말하면, 그 말은 아직 그것을 주지 않았다는 표시이며, 그 결과 내 권리는 아직 양도되지 않았으며, 실제로 양도할 때까지 그 권리는 여전히 그에게 남아 있다.

2. 고전 읽기: 홉스, 리바이어던

그러나 무상의 선물이라 하더라도 말 이외의 권리 양도의 다른 표시가 있는 경우, 권리가 양도되었음을 인지해야 한다. 다시 말해, 경주에서 일등을 차지한 사람에게 상을 주겠다고 여러 사람 앞에서 발표하면, 미래에 관한 말이더라도 권리가 양도된다. 그가 그것을 원하지 않았다면, 그는 경주를 진행하지 못하게 했을 것이기 때문이다.

권리의 상호 이전 또는 변경을 계약이라 한다. 그러므로 말로만 약속 한 사람이라도 약속의 혜택을 먼저 받으면, 이는 자신의 권리를 기꺼이 양도한다는 것으로 이해해야 한다. 즉, 그가 자신의 말을 이해하기로 동의하지 않았다면, 상대방 또한 먼저 자신의 권리를 양도하지 않았을 것이다. 따라서 상거래와 같은 계약 행위의 경우, 약속 또한 의무로써 작용한다.

말로 약속이 이루어졌지만, 어느 당사자도 즉시 약속을 이행하지 않고 있다면, 그 약속은 자연 상태 (즉, 만인의 투쟁 상태)에서 법적 구속력이 없다. 약속을 먼저 이행 한 사람은 나중에 다른 사람이 약속을 이행할 것이라고 확신할 수 없기 때문이다. 이처럼 강제력에 대한 두려움 없이 말로 한 계약은 인간의 야망, 탐욕, 분노 또는 다른 열정의 구속에 매우 역부족이다.

그러나 약속의 이행을 강요할 수 있는 충분한 권리와 권한을 가진 공공의 힘이 있다면, 그 약속은 구속력이 있다. 약속을 어기는 사람들에 대해 강압적인 처벌에 대한 힘이 있는 경우, 그러한 자연 상태에서 갖는 두려움은 더 이상 유효하지 않다. 이러한 이유로 권력의 통제하에서는 약속을 이행해야 하는 사람들은 그렇게 해야 할 의무가 발생한다.

2. 고전 읽기: 홉스, 리바이어던

 권리를 양도한다는 것은 또한 그것을 즐기는 수단도 함께 양도하는 것을 의미한다. 이는 땅을 파는 사람이 나무를 포함하여 그 땅에서 자라는 모든 것을 양도하는 것으로 간주하는 것과 같다. 또한, 물레방앗간 판매자가 그것을 돌리는 시냇물을 이동할 수 없다는 것과 동일하다. 따라서 통치권을 부여받은 사람에게 군대를 유지하는데 필요한 세금을 징수할 권리와 사법 행정을 위해 필요한 법관과 경찰관을 임명할 권리를 부여한다는 것을 인지해야 한다.
 사람이 아닌 짐승과 계약하는 것은 불가능하다. 짐승은 인간의 말을 이해하지 못하고 권리의 이전을 이해하고 받아들일 수 없기 때문이다. 즉, 상호 시인이 없으면 계약은 유효하지 않다. 신과 계약하는 것도 불가능하다. 그러나 만일 초자연적인 계시를 받거나 신의 대리인이 개입한다면 제한적으로 가능할 수도 있다.
 계약의 내용을 검토할 때는 항상 숙고해야 한다. 계약은 인간의 최종 의지 행위이기 때문이다. 다시 말해, 계약은 숙고의 최종 결과물, 최종 행위이다. 따라서 이성적 판단으로 불가능한 것을 약속하는 것은 계약이 아니다. 그러나 약속 이후에야 비로소 그것이 불가능하다고 판명된 사항이라면, 그것은 유효하고 구속력이 있는 계약이다.
 계약에서 벗어날 수 있는 방법은 두 가지 방법밖에 없다. 그것은 약속의 이행과 약속의 면제에 대한 새로운 계약이다. 약속의 이행은 의무의 당연한 결과이고, 약속의 이행 면제는 계약으로부터 자유의 회복을 의미한다.

2. 고전 읽기: 홉스, 리바이어던

자연 상태, 즉 두려움에 의한 약속이라도 그것을 이행해야 한다. 예를 들어, 내가 목숨을 대가로 몸값을 지불하겠다고 약속했다면 그 약속을 지켜야 할 의무가 있다. 약속은 한 쪽이 생명으로 혜택을 받고 다른 쪽은 대가로 돈을 받는 계약이기 때문이다. 따라서 다른 법률이 특별히 약속 이행을 금지하지 않는 한, 이 계약은 충분히 유효하다. 따라서 전쟁 포로가 몸값을 지불하기로 했다면 그렇게 해야 할 의무가 있다.

선약은 나중의 약속을 무효화한다. 오늘 누군가에게 권리를 양도하면 내일 다른 사람에게 권리를 양도할 수 없다. 따라서 후자의 약속은 어떠한 권리도 양도할 수 없음으로 무효이다.

폭력으로부터 자신을 보호할 수 없는 약속을 강제적으로 했다면, 그 약속은 항상 유효하지 않다. 앞에서 기술했듯이 아무도 사망, 부상 및 투옥으로부터 자신을 방어할 권리를 양도할 수 없다.

자신을 스스로 고발하겠다는 약속은, 사면 또는 용서가 보장되지 않는 한, 유효하지 않다. 자연 상태에서는 모든 사람이 재판의 주체이므로 스스로 고발할 이유가 없다. 그리고 고발은 처벌이 뒤따르고, 처벌은 자신에 대한 억압 상태를 동반하기 때문에, 사람이 그것에 저항하지 않을 아무런 의무가 없다.

사람들이 약속을 지키게 하는 데, 말의 힘은 너무 약해서, 그것만으로는 충분하지 않다. 그런데도 인간이 약속을 지키려고 하는 두 가지 이유가 있는데, 첫째는 약속을 어길 때 돌아오는 결과에 대한 두려움이고, 둘째는 약속을 어길 필요가 없는 것처럼 보이려는 자존심이다.

2. 고전 읽기: 홉스, 리바이어던

문제 3 각 Page의 핵심 내용을 요약, 설명하시오. (각 200자)

1.

2.

3.

2. 고전 읽기: 홉스, 리바이어던

문제 3 각 Page의 핵심 내용을 요약, 설명하시오. (각 200자)

4.

200자

5.

400자

6.

600자

2. 고전 읽기: 홉스, 리바이어던

문제 3 각 Page의 핵심 내용을 요약, 설명하시오. (각 200자)

7.

2. 고전 읽기: 홉스, 리바이어던

문제 4 리바이어던의 한 가지 주장을 선택해 비판하시오. (400자)

2. 고전 읽기: 홉스, 리바이어던

3. 제 3~19 자연법

우리는 제삼자에게 인간의 평화를 방해하는 권리를 양도해야 하는 의무가 있다. 이는 아래와 같은 **제 3 자연법**의 기원이다.
「인간은 자신이 한 약속을 이행해야 한다.」
이행되지 않은 약속은 의미가 없고 공허하다. 그렇다면 모든 것에 대한 사람들의 권리는 그대로 남아, 다시 전쟁 상태로 돌아간다. 이 자연법은 정의의 기초이다. 이는 불의, 부정의는 약속을 이행하지 않는 것과 같은 말이기 때문이다.
신뢰를 기반으로 한 어떠한 약속도, 상대방이 약속을 이행하지 못할 우려와 두려움이 있는 경우에는, 그 효력이 없다. 그러므로 계약의 이행이 정의의 기원이더라도, 약속 자체가 두려움의 원인이 제거될 때까지 아무런 효력이 없기 때문에, 약속 불이행에도 실제로 불의와 부정의가 존재하지 않는다. 인간이 전쟁 중에 있는 한, 두려움의 원인을 제거하는 것은 절대 불가능하다. 전쟁 중에는 부정의도 없다.
따라서 정의와 부정의라는 개념이 존재하기 위해서는 계약 위반 시 처벌에 대한 두려움이 예상 이익보다 커야 하며, 모든 사람에게 약속을 이행하게 하는 강제력이 있어야 한다. 그러나 이 강력한 힘은 국가가 수립될 때까지 존재하지 않는다.
그러므로 각 개인의 몫, 즉 소유권이 없는 곳은 부정의도 없으며, 강제력이 없는 곳, 즉 국가가 설립되지 않은 곳에서는 소유권도 의미가 없다. 모든 사람은, 국가가 존재하지 않는다면, 자신의 힘에 의해 모든 것에 대한 권리를 갖기 때문이다. 이처럼 국가가 존재하지 않는 곳에서는 부정의도 없다.

2. 고전 읽기: 홉스, 리바이어던

정의가 서명한 계약의 이행에 의존하는 것처럼, 신뢰는 호의에 대한 보답의 이행에 달려 있다. 여기서 **제 4 자연법**이 탄생한다.

"타인의 도움을 받은 사람들은 그들이 자신의 행동을 후회하지 않도록 그 보답에 노력해야 한다."

그것이 자신에게 이롭다고 생각하지 않는다면 아무도 남을 위해 아무것도 하지 않을 것이다. 선물은 자발적인 것이며 모든 자발적인 행동은 그 목적이 자신의 이익이 있기 때문이다. 그런데 당신의 행동이 헛된 것임을 안다면, 아무도 선한 행동을 하거나 남을 믿지 않을 것이다. 이처럼 신뢰가 무너진 경우라면, 사람들은 여전히 전쟁의 상태에 있는 셈이며, 이것은 인간에게 평화를 추구하도록 요구하는 제 1 자연법에 위배되는 것이다.

제 5 자연법은 다른 사람들과 맞추어 살아야 한다는 것이다.

「모든 사람은 다른 사람과 합의하려고 노력해야 한다.」

모든 사람이 자신의 생명을 보존하기 위해 필요한 것을 얻는 데 모든 노력을 기울여야 한다는 사실을 고려할 때, 작고, 불필요한 것들 때문에, 다른 사람에게 이에 반하는 행동을 하는 사람들은 그들의 행동이 가져올 다툼(전쟁)에 책임이 있다. 이것은 평화를 추구하는 자연의 기본 법칙을 위반하는 것이다. 이러한 법을 준수한다면 사교적이라고 할 수 있으며, 그 반대는 비사교적이고, 완고하고, 멍청한 것이다.

제 6 자연법은 「죄를 지은 사람이 진정으로 후회하고 용서를 구하면, 용서를 고려해야 한다.」는 것이다. 용서는 평화를 가져오기 때문이다. 물론, 적대감을 그대로 가진 사람을 용서해주는 것은 평화의

2. 고전 읽기: 홉스, 리바이어던

추구가 아니라 오히려 공포를 떠안는 것이다. 그러나 앞으로 계속 올바른 행동을 하겠다고 진정으로 약속한 사람을 용서하지 않으면 평화에 대한 혐오의 증거이기 때문에 자연법을 위반하게 된다.

제 7 자연법 「악으로 악을 징벌하는 복수는, 과거 악의 정도가 아니라 미래에 미치는 선의 영향을 고려해야 한다.」

미래에 미치는 이익을 생각하지 않는 단순한 복수는 상대방을 해치면서 단순히 자신을 과시하는 의도 없는 행동이다. 목적 없이 자랑하는 행위는 그 자만심에도 불구하고 이성에 위배된다. 그리고 아무 이유 없이 부상을 입으면 다툼이 생겨 자연법을 위반할 수 있다. 단순한 복수는 잔인함과 다르지 않다.

상대방을 미워하고 경멸하는 것은 결국 싸움으로 이어질 것이므로 다음 가르침을 **제 8 자연법**으로 설정할 수 있다.

「누구라도 행동, 말, 표현 또는 몸짓으로 상대방에 대한 미움이나 경멸을 나타내서는 안 된다.」

이 자연법의 위반을 거만함이라고 한다.

인간의 자연 상태에서 누가 더 나은가에 대한 질문은 의미가 없다. 앞서 말했듯이, 본질적으로 자연 상태에서 모든 사람은 평등하다. 오늘날 존재하는 불평등은 오히려 시민법에 의해 시작되었다. '정치학' 제 1 권에서 아리스토텔레스는 그의 이론에 대한 근거로써 인간은 태생적으로 다른 사람들에게 봉사하는 것에 적합하기도 하고, 반면에 다른 사람들에게 명령을 내리는데 더욱 적합하기도 하다고 주장했다.

2. 고전 읽기: 홉스, 리바이어던

　이것은 주인과 종은 사람들 간의 합의에 의한 것이 아니라 지성의 차이에 의한 것이라고 말하는 것과 같다. 그러나 이것은 이성뿐만 아니라 경험에도 위배된다. 다른 사람에게 지배당하기보다는 스스로 자신을 다스릴 것이라고 생각하지 못 할 만큼, 어리석은 사람은 아무도 없기 때문이다.

　그러므로 나는 **제 9 자연법**으로 다음을 제시한다.

　「모두가 태어날 때부터 평등하다는 것을 인정해야 한다.」

　우리는 이 교훈을 어기는 사람들을 오만하다고 한다.

　다음 법은 위 평등의 자연법에 의해 생성한다. (**제 10 자연법**)

　「다른 사람들이 갖고 있다면 불만스런 권리를 자신이 가지려 해서는 안 된다.」

　이러한 법을 준수하는 사람들을 '겸손하다'라고 하며, 이 법으로부터 "사람이 재판관으로 행동해야 한다면 모든 사람을 동등하게 대해야 한다"고 가르친다. (**제 11 자연법**) 그렇지 않으면, 인간의 논쟁은 결국 싸움과 전쟁으로 해결해야 할 것이다. 우리는 이 자연법을 공평 또는 분배적 정의라고 부른다.

　또한 이로부터 다음의 율법이 도출된다. (**제 12 자연법**)

　「나눌 수 없는 것은 함께 공유할 수 있어야 한다. 만약 물건의 양이 충분하다면, 아무런 제한 없이 함께 공유하고, 그렇지 않으면 권리의 정도에 비례해서 공유해야 한다.」

　그렇게 하지 않으면 그 분배가 불공평하며 공평 원칙에 위배되기 때문이다.

2. 고전 읽기: 홉스, 리바이어던

그러나 나눌 수 없고 함께 즐길 수 없는 사물이 있을 수 있다. 이 경우 공정성을 정의하는 자연법은 다음과 같다.

「최소 소유권 또는 전체 권리는 추첨으로 결정해야 한다.」 공평한 분배는 자연법의 원칙이며, 추첨 이외에 더 공평한 분배를 제공할 수 있는 다른 방법이 없기 때문이다. (제 13 자연법)

추첨에는 두 가지 유형이 있다. 하나는 자유재량에 의한 방법과 다른 하나는 자연 발생적 우선순위이다.

「추첨은 경쟁자가 합의한 방식이어야 하며, 출생 순서 또는 최초 소유권을 인정한다.」(제 14 자연법)

다음은 중재를 위한 자연법이다.

「평화를 중재하는 사람은 신변이 보장되어야 한다.」(제 15 자연법)

이것은 중재를 위한 또 다른 자연법들이다.

「다툼의 당사자는 자신들의 권리에 대하여, 중재자의 판단에 따라야 한다.」(제 16자연법)

「모든 사람이 자신의 이익을 위해 무엇이든 하기 때문에, 자신의 소송에 대해 자신이 중재해서는 안 된다.」(제 17 자연법)

「어떠한 사건에서도 판결에 의해 큰 이익, 명예 및 즐거움을 얻는 사람이 중재자로 받아들여져서는 안 된다. 이와 함께, 피할 수 없는 뇌물이라 하더라도 그것을 받은 사람을 믿을 의무는 없다.」(제 18 자연법)

2. 고전 읽기: 홉스, 리바이어던

「사실관계에 다툼이 있을 때, 재판관은 특정한 분쟁 당사자를 믿어서는 안 되므로 설득력 있는 증거가 없다면 제삼자를 신뢰해야 한다.」(제 19 자연법)
　이렇게 하지 않으면 문제를 해결할 수 없고, 결국 자연법에 위배되는 폭력에 맡겨야 하기 때문이다.

　지금까지 언급된 것은 열아홉 가지 자연법이다. 자연법은 인간의 생명을 보존하기 위해 평화를 요구한다. 그러므로 모든 자연법은 누구나 쉽게 이해할 수 있도록 한 문장으로 요 할 수 있다.

「당신이 하고 싶지 않은 일은 다른 사람들에게도 시키지 말라.」

　자연법은 사람의 내면에 법정을 세운다. 다시 말해서, 자연법은 법이 시행되도록 동기를 부여하도록 의무를 부여하고 있지만, 외부 법정은 항상 자연법으로 모든 행동으로 제어할 수는 없다. 겸손하고 착한 사람이, 약속을 전혀 지키지 않는 전쟁터 같은 곳에서, 자신의 약속을 모두 실천하는 경우, 그 사람은 단순히 자신을 다른 사람에게 먹이로 삼는 것이다. 이는 생명을 보존하는 자연법칙의 기초에 완전히 위배된다.
　자연법을 따르는 것은 어렵지 않다. 자연법은 그것에 대한 의지와 노력만을 요구하기 때문이다. 자연법은 의지와 노력만을 필요로 하기 때문에 자신의 행동을 위해 노력하는 사람들은 자연법을 따르는 셈이다. 그리고 이처럼 자연법을 이행하는 것이 정당한 행위이다.

2. 고전 읽기: 홉스, 리바이어던

    자연법 연구는 진실하고 유일한 도덕철학이라 할 수 있다. 도덕철학은 인류의 보존과 함께, 인류 사회의 선과 악에 대한 연구이기 때문이다. 선과 악은 인간의 욕구와 혐오를 가리키는 이름이다. 인간의 기질, 관습 및 의견이 다르기 때문에 선과 악은 사람마다 다른 것은 당연하다. 또한, 각 인간은 맛, 냄새, 청각, 촉각 및 시각이 좋고 나쁜 것에 대한 서로 다른 판단뿐만 아니라 일상생활에서 이성적인지 또는 아닌지에 대해 모두 서로 다른 판단을 한다. 더욱이, 같은 사람이라도 시간에 따라 변경될 수도 있다. 이런 때, 좋은 것으로 칭찬하고, 다른 때, 악으로 비판한다.
    바로 이런 이유로 이곳 세상은 갈등, 싸움, 심지어 전쟁이 일어나는 곳이 된다. 따라서 인간이 전쟁 상태 같은 완전한 자연 상태에 있는 한, 개인의 욕구와 생각이 선과 악의 척도가 돼버린다. 이런 혼란의 상태를 어느 정도 겪고 나면, 결과적으로 인간은 평화가 중요하고 또한 그것이 바로 선이라는 것을, 그리고 그 평화에 이르는 수단인 자연법이 선을 이루는 유일한 방법이라는 것을, 어쩔 수 없이 동의하게 된다.

2. 고전 읽기: 홉스, 리바이어던

문제 5 각 Page의 핵심 내용을 요약, 설명하시오. (각 200자)

1.

200자

2.

400자

3.

600자

2. 고전 읽기: 홉스, 리바이어던

문제 5 각 Page의 핵심 내용을 요약, 설명하시오. (각 200자)

4.

5.

6~7.

2. 고전 읽기: 홉스, 리바이어던

문제 6 리바이어던의 한 가지 주장을 선택해 비판하시오. (400자)

200자

400자

600자

3. 주제 토론: 자유와 평등에 대하여

악은
선한 자의
비겁에 기인한다.

문제 위 글을 바탕으로 '자유와 평등'을 주제로 창작하시오. (300자)

4. 천자문 (46/125)

交(사귈 교) 友(벗 우) 投(던질 투) 分(나눌 분)
벗을 사귈 때에는 마음이 맞는 사람끼리 사귀어야 한다.

切(끊을 절) 磨(갈 마) 箴(경계 잠) 規(법 규)
열심히 닦고 배워서 친구에게 사람으로서의 도리를 지켜야 한다.

교우투분　　　　절마잠규

交友投分 하고　切磨箴規 하라.

서로 마음이 맞는 사람과 사귀어야 하고
그 친구에게 최선의 도리를 지켜야 한다.

[한자 세 번, 뜻 한 번을 쓰시오]

4. 논어 (論語)

위정편(爲政篇)

小人之過也 이면 必文 이라.
소인지과야   필문

소인은 잘못을 저지르면, 반드시 꾸며대고 변명한다.

군자는 변명하지 않고
고치기 위해 노력한다.

[한자 두 번, 뜻 한 번을 쓰시오]

홉스, 리바이어던

토머스 홉스(Thomas Hobbes, 1588~1679년)

잉글랜드 왕국의 정치철학자이자 최초의 민주적 사회계약론자이다. 서구 근대정치철학의 토대를 마련한 책 〈리바이어던〉(1651)의 저자이다. 홉스는 자연을 '만인의 만인에 대한 투쟁 상태'로 상정하고, 그로부터 자연권 확보를 위해 사회계약을 통해 '리바이어던'과 같은 강력한 국가권력이 발생하게 된다고 주장하였다.

* Ref: 관련 백과사전 등 참고

독서 노트

['리바이어던'에 흐르는 정신(교훈)에 대하여]

1\. 저자
 : 홉스

2\. 도서
 : 리바이어던

3\. 독서 노트
　(1) (총 47장 이야기 중) 중요하다고 생각하는 열 가지 이야기의 핵심 내용을 설명하시오. (각 100자)
　(2) 정리한 열 가지 이야기에 흐르는 정신(교훈)을 세 가지로 나누고, 각 이야기를 인용하면서 '리바이어던'의 세 가지 정신(교훈)에 대하여 기술하시오. (각 300자)

4\. 기간
 : 2주

독서 노트

문제 1 총 47장 이야기 중, 중요하다고 생각하는 열 가지 이야기의 핵심 내용을 설명하시오. (각 100자)

1.

2.

200자

3.

400자

4.

5.

600자

독서 노트

문제 1 총 47장 이야기 중, 중요하다고 생각하는 열 가지 이야기의 핵심 내용을 설명하시오. (각 100자)

    6.

    7.

    8.

    9.

    10.

독서 노트

문제 2 정리한 열 가지 이야기에 흐르는 정신(교훈)을 세 가지로 나누고 각 이야기를 인용하면서 '리바이어던'의 세 가지 정신(교훈)에 대하여 기술하시오. (각 200자)

1.

2.

3.

Summary

1. 나에 대하여

: 자신은 자유와 평등 중 무엇을 우선하는지 각각의 가치를 비교하여 논하시오. (500자): 공통점과 차이점을 자세히 분석적으로 기술할 것

2. 고전 읽기

: 홉스, 리바이어던

3. 주제 토론

: 자유와 평등에 대하여

4. 천자문 / 논어

5. 독서 노트

: 홉스, 리바이어던

자유와 평등에 대하여

✽ 46. 자유와 평등에 대하여 자신의 생각을 종합하시오.

조용히 숨을 거두는 순간까지
자신을 최대로 하라.

- 진리의서, 자유정신사 -

47. 관계와 인간에 대하여

좋은 관계의 근원은 무엇인가?

1. 나에 대하여

자신이 관계 맺고 있는 모든 것들과
어떤 관계를 유지하고 있는 지를 자세히 기술하시오. (600자)

(1) 가족, 친지

(2) 친구, 선배, 후배, 선생님

(3) 잘 알지 못하지만 관계를 맺고 있는 사람들: 마켓, 식당, 문구점, 이웃

2. 고전 읽기: 니체, 인간적인 너무나 인간적인 Ⅰ

니체, 인간적인 너무나 인간적인 Ⅰ

니체는 '인간적인 너무나 인간적인 Ⅰ'에서
인간의 교제 속에 숨어 있는
심리적 장막을 거두고
사람들의 관계 속 비밀을 드러낸다.
인간은 타인과의 관계 속에서 어느 날 죽고, 어느 날 부활한다.

2. 고전 읽기: 니체, 인간적인 너무나 인간적인 Ⅰ

교제

1 호의

사람들과 교제할 때는 종종 그들의 행동의 동기를 이해하지 못하는 것처럼 멍청한 척해야 한다.

2 친근

위대한 사람을 흉내 내는 사람을 보는 것은 드문 일이 아니다. 그리고 대부분의 사람들은 그림의 경우와 마찬가지로 모방물을 원물보다 선호한다.

3 웅변

매우 적절하게 말하는데 세상의 모든 사람과 대립할 수 있다. 이는 세상 사람들 입장에서 말하지 않을 때이다.

4 친밀

친밀감이 부족하다고 친구를 비난하지 않는 것이 좋다. 그것은 치유할 수 없는 것이기 때문이다.

2. 고전 읽기: 니체, 인간적인 너무나 인간적인 Ⅰ

문제 1 각 이야기 별로 제목을 다시 정하고 핵심 내용을 기술하시오.
(각 100자)

1.

2.

200자

3.

4.

400자

600자

2. 고전 읽기: 니체, 인간적인 너무나 인간적인 I

5 요령

적절한 방법으로 선물이 제공되지 않았기 때문에 그 선물을 거부할 수밖에 없게 되면, 선물을 준 사람에게 분노가 생긴다.

6 와해

어떤 당파에도 그 당파의 주장에 너무 심취하여 과도하게 그것을 주장하여 다른 사람들의 탈퇴를 이끄는 위험한 사람이 있다.

7 충고

자신의 조언이 받아들여지거나 받아들여지지 않거나, 환자에게 조언을 하는 사람은 상대방에 대해 어느 정도 우월감을 느낀다. 민감하고 자부심이 많은 환자는 자신의 질병보다 조언자에 더 괴로워한다.

8 평등

평등이란 다른 사람을 트집, 묵살, 시비로 자기 수준으로 끌어내리든가 다른 사람을 칭찬, 성원, 환호로 자기 수준보다 끌어올리는 (자신도 그에 맞추어 올리려 하는) 방법이 있다. 후자의 경우는 거의 본 일이 없다.

2. 고전 읽기: 니체, 인간적인 너무나 인간적인 I

문제 2 각 이야기 별로 제목을 다시 정하고 핵심 내용을 기술하시오.
(각 100자)

5.

6.

200자

7.

8.

400자

600자

47. 관계와 인간에 대하여

2. 고전 읽기: 니체, 인간적인 너무나 인간적인 I

9 당황

당황해서 어찌할 바를 모르는 사람을 돕고 진정시키는 가장 좋은 방법은 그를 확실하게 칭찬하는 것이다.

10 미덕

적에게 완전히 부족하다는 것을 확인할 때까지 우리는 자신의 미덕에 대해 특별한 가치를 두지 않는다.

11 반대

인간은 종종 어떤 의견에 동의하지 않는데, 그는 사실 거기에 기술된 논조에 동감하지 않을 뿐이다.

12 친밀

고의적으로 다른 사람과의 친밀감을 두껍게 하려는 것은 상대방의 신뢰를 얻고 있는지에 대해 확신이 없기 때문이다. 신뢰에 확신이 있는 사람은 친밀에 중점을 두지 않는다.

2. 고전 읽기: 니체, 인간적인 너무나 인간적인 Ⅰ

문제 3 각 이야기 별로 제목을 다시 정하고 핵심 내용을 기술하시오.
(각 100자)

9.

10.

200자

11.

12.

400자

600자

47. 관계와 인간에 대하여

2. 고전 읽기: 니체, 인간적인 너무나 인간적인 Ⅰ

13 우정

다른 사람과의 관계에서 자기 쪽 저울 접시에 약간의 부당을 얹어 우정의 균형을 맞추는 것이 보통이다.

14 교육자

가장 위험한 의사는 최고의 배우가 그런 경우가 많다. 그는 의사인 척하면서 사람들을 완전히 현혹시키기 때문이다.

15 역설

어떤 의견에 대해 재치가 넘치는 사람을 동의하게 하려면, 그에게 비합리적인 역설의 형태로 제시하면 효과적이다.

16 설득

용감한 사람에게 무언가 하도록 설득하려면, 그 일을 실제보다 더 위험해 보이도록 과장하는 것이 좋다.

2. 고전 읽기: 니체, 인간적인 너무나 인간적인 Ⅰ

문제 4 각 이야기 별로 제목을 다시 정하고 핵심 내용을 기술하시오.
(각 100자)

13.

14.

15.

16.

2. 고전 읽기: 니체, 인간적인 너무나 인간적인 I

17 예찬

마음에 들지 않는 사람들의 경우에는 그들이 자신에게 보이는 은근함을 무례한 행동으로 간주한다.

18 단절

누군가를 화나게 하고 악한 생각을 하게 하는 확실한 방법은 그를 오랫동안 기다리게 하는 것이다. 이것은 도덕적이지 않은 방법이다.

19 신뢰

우리를 전적으로 신뢰하는 사람은 그것으로 우리의 신뢰를 얻을 권리가 있다고 믿는다. 이것은 잘못된 추론이다. 이는 선물을 했다고 어떤 권리도 얻을 수 없는 것과 같은 이치이다.

20 화해

우리가 누군가에게 손해를 끼쳤을 때, 적절한 보상을 해도 원래 관계를 복원하기는 쉽지 않다. 이때 그가 우리에게 다시 호감을 갖게 하려면, 우리에게 농담을 하거나 익살을 부릴 기회를 주는 것만으로 충분한 경우도 적지 않다.

2. 고전 읽기: 니체, 인간적인 너무나 인간적인 Ⅰ

문제 5 각 이야기 별로 제목을 다시 정하고 핵심 내용을 기술하시오.
 (각 100자)

17.

18.

200자

19.

20.

400자

600자

2. 고전 읽기: 니체, 인간적인 너무나 인간적인 I

21 허영

자신의 나쁜 성질이나 사악함을 사람은 때때로 숨기거나 또는 고백한다. 그러나 어느 경우든 그는 자신의 허영심을 채우려 하는 것이다. 그가 사람에 따라서 그것을 숨기거나 또는 정직하게 고백하는 일에 얼마나 능숙하고 교묘한지는 놀랄 지경이다.

22 소심

다른 사람을 화나게 하지 않고 다른 사람을 괴롭히지 않는 것은 선한 공정의 표시이기도 하지만 겁 많은 소심의 표시일 수도 있다.

23 얼음

얼음 위에 자신의 생각을 놓는 법을 터득하지 않은 사람은, 논쟁의 열기 속으로 뛰어들지 않는 것이 좋다.

24 자만

자신이 항상 대단한 사람들 속에 있다는 사실을 인지하고 있으면 자만심은 별로 설 자리가 없다. 반면, 혼자 있는 것은 오만이 들어서기 쉽다. 그런데, 젊은 사람들은 혼자 있지 않아도 보통 자만심에 빠져 있다. 이는 그들 모두 별로 대단하지도 않은데, 탁월한 사람으로 보이고 싶어 이리저리 덤비는 자기와 비슷한 패거리와 사귀고 있기 때문이다.

2. 고전 읽기: 니체, 인간적인 너무나 인간적인 Ⅰ

문제 6 각 이야기 별로 제목을 다시 정하고 핵심 내용을 기술하시오.
(각 100자)

21.

22.

200자

23.

24.

400자

600자

2. 고전 읽기: 니체, 인간적인 너무나 인간적인 I

25 공격

사람이 누군가를 공격한다는 것은 그를 괴롭게 하거나 해치려 하는 것뿐만 아니라, 자신의 힘을 확인하기 위한 행동이기도 하다.

26 간사

누군가 간사함으로 우리의 판단력을 흐리게 하려고 한다면 그는 위험한 최면제를 쓰고 있는 셈이다. 이 음료는 사람을 몽롱하게 하지 못할 경우, 오히려 그에게 진실을 각성시킬 것이기 때문이다.

27 편지

생각은 많은데 길게 책은 쓰지 못하는 불만 가득한 성격의 소유자는 대체로 편지의 명수가 될 것이다.

28 관점

여행을 많이 한 그 누구도 세상 어딘가에 인간의 얼굴보다 추한 지역을 가본 적이 없을 것이라는 것은 의문의 여지가 없다.

2. 고전 읽기: 니체, 인간적인 너무나 인간적인 Ⅰ

문제 7 각 이야기 별로 제목을 다시 정하고 핵심 내용을 기술하시오.
(각 100자)

25.

26.

200자

27.

28.

400자

600자

47. 관계와 인간에 대하여

2. 고전 읽기: 니체, 인간적인 너무나 인간적인 Ⅰ

29 우월

언제나 자비롭고 또한 언제나 불행한 사람들을 도와주는 사람이, 동시에 누군가의 즐거움을 함께 나눌 수 있는 사람인 것은 매우 드문 일이다. 다른 사람이 행복할 때, 그는 자신의 우월성이 느껴지지 않기 때문에, 별로 할 일이 없고, 잉여적이며, 곧 불평을 한다.

30 오해

자살자의 가족들은 그가 자신들의 평판을 고려해서 끝까지 살아주지 않았다는 것을 속으로 몰래 불평한다.

31 적당

큰 선물을 주는 사람은 결코 감사의 대상이 아니다. 받는 사람이 그것을 받는 순간 이미 부담을 느끼기 때문이다.

32 유머

유머가 있는 사람이 재치를 보였을 때 그것을 예의에 벗어난 것으로 간주하는 부류에 자신이 합류할 경우, 그는 누구에게도 웃음을 선사 받지 못할 것이다.

2. 고전 읽기: 니체, 인간적인 너무나 인간적인 Ⅰ

문제 8 각 이야기 별로 제목을 다시 정하고 핵심 내용을 기술하시오.
(각 100자)

29.

30.

31.

32.

2. 고전 읽기: 니체, 인간적인 너무나 인간적인 Ⅰ

33 증인

물에 빠진 사람을 구하려 하는 사람은, 그 주변에 물에 뛰어들 용기가 없는 사람들이 있을 때, 두 배로 용감하게 뛰어든다.

34 침묵

논쟁할 때, 상대방에게 불쾌감을 주는 가장 좋은 방법은 화를 낸 후에 침묵을 지키는 것이다. 이것은 서로 싸울 때, 침묵은 대개 모멸의 표시로 받아들이기 때문이다.

35 비밀

대화가 끊겼을 때, 친구의 비밀 이야기를 그 희생으로 삼지 않는 사람은 거의 없다.

36 철회

정신적 관점에서 볼 때, 진정 명예로운 자의 인간미는 무명의 사람들과 친밀한 방법으로 토론하여, 자신의 주장을 멋지게 철회할 수 있는 데에서 발견된다.

2. 고전 읽기: 니체, 인간적인 너무나 인간적인 Ⅰ

문제 9 각 이야기 별로 제목을 다시 정하고 핵심 내용을 기술하시오.
(각 100자)

33.

34.

200자

35.

36.

400자

600자

47. 관계와 인간에 대하여

2. 고전 읽기: 니체, 인간적인 너무나 인간적인 Ⅰ

37 이류

사교와 교제에 자신이 없는 사람은, 자신이 우위의 위치에 설 수 있는 미약한 사람들을 찾아내서, 자신의 우위를 노골적으로 드러낼 수 있는 기회와 방법을 찾는데 전력을 다한다. 멸시와 조롱 같은 것으로.

38 우울

누군가가 자신에게 감사할 의무가 있다는 것을 알게 되면 섬세하고 아름다운 영혼은 우울해진다. 물론, 자신이 누군가에게 감사할 의무가 있을 때, 우울해지는 반대의 영혼도 있다.

39 소원

두 사람 사이가 완전히 멀어져 있다는 가장 확실한 증거는 두 사람이 서로 몇 마디 비꼬는 말을 하지만, 어느 쪽도 그것을 눈치채지 못한다는 것이다.

40 교만

공로가 있는 자가 보이는 교만은 공로가 없는 사람의 교만보다 기분을 더 나쁘게 한다. 공로 그 자체 때문에 이미 기분이 상해 있기 때문이다.

2. 고전 읽기: 니체, 인간적인 너무나 인간적인 Ⅰ

문제 10 각 이야기 별로 제목을 다시 정하고 핵심 내용을 기술하시오.

37.

38.

200자

39.

40.

400자

600자

2. 고전 읽기: 니체, 인간적인 너무나 인간적인 Ⅰ

41 부합

대화할 때, 가끔 자신의 목소리가 이상해져서 당황하는 것처럼, 때때로 자신의 평상시 의견과 전혀 일치하지 않는 주장을 하고 있는 자신에 스스로 당황할 때도 적지 않다.

42 태도

대화 시, 상대방의 말에 우선 긍정하거나 또는 우선 부정하는 것은 습관의 문제이다. 이것도, 저것도 그 의미가 없지는 않다.

43 이웃에 대한 공포

우리는 보통 이웃의 적대감을 두려워한다. 가까이 있기 때문에, 바로 그 느낌으로 우리의 비밀을 캐낼까 걱정스럽기 때문이다.

44 간주

아주 저명한 자는 심지어 사람들의 비난조차도 저명한 자신을 돋보이게 하려는 것이라고 생각한다. 사람들이 자신의 일에 얼마나 열심히 주의를 기울이고 있는지 자신에게 알려주는 것으로 간주해 버린다. 이것은 올바른 판단이다. 만일 저명한 그가 즉시 사람들의 비난에 반응해서 변명을 해 댄다면 그것은 사람들을 오해한 것이다. 이렇게 되면, 사람들과 오래지 않아 멀어질 것이다.

2. 고전 읽기: 니체, 인간적인 너무나 인간적인 Ⅰ

문제 11 각 이야기 별로 제목을 다시 정하고 핵심 내용을 기술하시오.
(각 100자)

41.

42.

200자

43.

44.

400자

600자

47. 관계와 인간에 대하여

2. 고전 읽기: 니체, 인간적인 너무나 인간적인 I

45 호의

가끔, 우리는 이유도 모르는 호의를 대할 때가 있다. 그러나 그 호의의 정체가 드러나면, 오히려 기분을 상하게 한다. 그 호의가 사람들이 우리 자신과 일을 진지하고 신중하게 다루고 있지 않다는 것을 보여주기 때문이다.

2. 고전 읽기: 니체, 인간적인 너무나 인간적인 Ⅰ

문제 12 각 이야기 별로 제목을 다시 정하고 핵심 내용을 기술하시오.
(각 100자)

45.

200자

400자

600자

47. 관계와 인간에 대하여

3. 주제 토론: 관계와 인간에 대하여

사랑은
비슷하게 되는 과정이 아니라
다름을 '멋지게' 인정하는 과정이다.
그의 영혼까지 공유하려 착각 말라.

3. 주제 토론: 관계와 인간에 대하여

문제 위 내용을 바탕으로 '좋은 관계를 위한 방법'에 대하여 논하시오.
 (600자)

4. 천자문 (47/125)

仁(어질인) 慈(사랑할자) 隱(숨을은) 惻(측은할측)
어짊으로 사랑하고 조용히 도우며

造(만들조) 次(다음차) 弗(아니불) 離(떠날리)
그 마음이 떠나지 않도록 계속 마음에 두라.

인자은측   조차불리
仁慈隱惻 하고   造次弗離 하라.

군자는 어진 마음과 배려가
잠시도 자신을 떠나지 않도록 해야 한다.

[한자 세 번, 뜻 한 번을 쓰시오]

4. 논어 (論語)

위정편(爲政篇)

至善(지선)

知止而后有定 지지이후유정이고: 그침을 안 뒤에야 정함이 있고

定而后能靜 정이후능정이라: 정하여진 뒤에야 고요할 수 있다.

靜而后能安 정이후능안이고: 고요한 뒤에야 편안할 수 있고

安而后能慮 안이후능려이며: 편안한 뒤에야 생각할 수 있으며

慮而后能得 려이후능득이라: 깊이 생각한 뒤에야 얻을 수 있다.

무언가 얻기 위해서는
그치고, 정하며, 고요하고, 편안하며, 생각해야 한다.

[한자 두 번, 뜻 한 번을 쓰시오]

인문고전 추천 47

니체, 인간적인 너무나 인간적인 I

프리드리히 니체 (1844~1900년)

　독일의 문헌학자이자 철학자이다. 서구의 오랜 전통을 깨고 새로운 가치를 세우고자 했기 때문에 '망치를 든 철학자'라는 별명이 있다. 그는 그리스도교 도덕과 합리주의의 기원을 밝히는 작업에 깊이 매진하였고, 이성적인 것들은 실제로는 비이성과 광기로부터 기원했다고 주장했다. 저서에는 〈비극의 탄생〉〈반시대적 고찰〉〈인간적인, 너무나 인간적인〉〈아침놀〉〈즐거운 지식〉〈차라투스트라는 이렇게 말했다〉〈선악을 넘어서〉〈도덕의 계보〉〈우상의 황혼〉〈안티크리스트〉〈이 사람을 보라〉〈디오니소스 찬가〉가 있다.

인간적인 너무나 인간적인 I

제1장 최초와 최후의 사물에 대해
제2장 도덕적 감각의 역사를 위해서
제3장 종교적 생활
제4장 예술가와 저술가의 영혼에서
제5장 고급문화와 저급문화의 징후
제6장 교제하는 인간
제7장 여성과 아이
제8장 국가에 대한 성찰
제9장 혼자 있는 사람

* Ref: 관련 백과사전 등 참고

독서 노트 (47)

['인간적인 너무나 인간적인 Ⅰ'에 흐르는 정신에 대하여]

1. 저자
   : 니체

2. 도서
   : 인간적인 너무나 인간적인 Ⅰ

3. 독서 노트
   (1) 중요하게 생각되는 20가지 이야기를 기술하시오. (각 100자)
   (2) 정리한 20가지 이야기에 흐르는 정신(교훈)을 세 가지로 나누고 각 원문을 인용하면서 '인간적인 너무나 인간적인 Ⅰ'의 세 가지 정신(교훈)에 대하여 기술하시오. (600자)

4. 기간
   : 3주

독서노트

(1) 중요하게 생각되는 20가지 이야기를 기술하시오. (각 100자)

1.

2.

3.

4.

5.

6.

독서노트

(1) 중요하게 생각되는 20가지 이야기를 기술하시오. (각 100자)

7.

8.

200자

9.

10.

400자

11.

600자

12.

독서노트

(1) 중요하게 생각되는 20가지 이야기를 기술하시오. (각 100자)

13.

14.

15.

16.

17.

18.

독서노트

(1) 중요하게 생각되는 20가지 이야기를 기술하시오. (각 100자)

19.

20.

200자

400자

600자

독서노트

(2) 정리한 20가지 이야기에 흐르는 정신(교훈)을 세 가지로 나누고 각 원문을 인용하면서 '인간적인 너무나 인간적인 Ⅰ'의 세 가지 정신 (교훈)에 대하여 기술하시오. (600자)

1.

2.

3.

Summary

1. 나에 대하여

: 자신이 관계 맺고 있는 모든 것들과 어떤 관계를 유지하고 있는 지를 자세히 기술하시오. (600자)

2. 고전 읽기

: 니체, 인간적인 너무나 인간적인 Ⅰ

3. 주제 토론

: 관계와 인간에 대하여

4. 천자문 / 명심보감

5. 독서 노트

: 니체, 인간적인 너무나 인간적인 Ⅰ

관계와 인간에 대하여

✱ 47. 관계와 인간에 대하여 자신의 생각을 종합하시오.

48. 나와 [나]에 대하여

나는 [나]와 어떻게 다른가?

1. 나에 대하여

숨어 있는 [나]에 대하여 깊이 생각하고 기술하시오. (600자)

2. 고전 읽기: 니체, 인간적인 너무나 인간적인 Ⅱ

니체, 인간적인 너무나 인간적인 Ⅱ

니체는 '인간적인 너무나 인간적인 Ⅱ'에서
자신의 존재에 관하여 고찰한다.
진정한 '나'는 깊은 성찰 없이는 드러나지 않는다.
'나'를 중심으로 삶을 만들어가면
즐겁고 조금은 편안하다.

2. 고전 읽기: 니체, 인간적인 너무나 인간적인 II

그림자

1 기준

많은 사물을 함께 비교 관찰, 계산하고 종합하여 신속한 결론과 확실한 방향을 얻어낸다. 이것이 훌륭한 정치인, 군인 또는 상인의 자격을 갖추게 하는 것이다. 다시 말해, 그것은 정신면에서 일종의 다중 암산이다. 이와 관련해서, 진정한 영웅의 모습은 단 〈하나〉만을 관찰하고 그 안에서 행동으로 이어지는 동기와 다른 모든 행동에 대한 심판의 기준을 유추하는 데 있다. 즉, 그는 하나의 기준과 척도로 측정하는 자이다.

2 몰입

무언가 경험하는 동안, 그것에 몰입하고 눈을 감는 것이 좋다. 즉, 그 경험에 있어 먼저 관찰자가 되어서는 안 된다. 그렇지 않다면, 경험에 대한 소화가 잘 되지 않아, 지혜가 아닌 소화 불량에 걸리기 때문이다.

2. 고전 읽기: 니체, 인간적인 너무나 인간적인 Ⅱ

3 위험

현명하기 위해서는 무언가를 경험하려고 의지(意志)해야 한다. 다시 말해, 경험의 상어 입속으로 뛰어들어야 하는 것이다. 물론 위험하다. 그래서 이때 많은 현자가 대부분 잡아먹혀 버린다.

4 피로

때때로 우리는 타인에 대한 무관심하거나 냉담한 태도가 자신의 차가움이나 성격의 결함으로 해석할 수도 있지만, 실제로는 단순한 정신적 피로에 기인하는 것일 때가 더 많다. 다시 말해, 정신이 피곤할 때, 타인은 「마치 우리 자신이 스스로에게 그러한 것처럼」 아무래도 괜찮거나, 성가신 존재가 돼버리는 것이다.

5 기쁨

누가 영리하다면, 그에게 가장 중요한 것, 하나는 마음에 기쁨을 품는 것이다. "아니다!" 누군가 여기에 반박한다. 영리한 사람이라면 마음에 현명함을 품을 것이라고.

2. 고전 읽기: 니체, 인간적인 너무나 인간적인 Ⅱ

문제 1 각 이야기 별로 제목을 다시 정하고 핵심 내용을 기술하시오.
(각 100자)

1.

2.

3.

4.

5.

2. 고전 읽기: 니체, 인간적인 너무나 인간적인 Ⅱ

6 사랑

누군가가 이렇게 말했다. "나는 그 사람에 대해 한 번도 깊이 생각해 보려고 한 적이 없다. 그것이 바로 그에 대한 내 사랑의 표식이다."

7 논증

사람들은 자신의 서투른 논증에 자기 인격을 부여하려 한다. 그렇게 하면 엉터리 논증이 그럴듯하게 바뀌어서 훌륭한 논증으로 탈바꿈할 수 있을 것으로 생각하는 것처럼. 이것은 볼링공을 던진 후 몸짓으로 공의 방향을 변경하려 하는 것과 같다.

8 선함

예를 들어, 소년으로서, 다른 사람의 마당에서 과일을 따지 않거나, 수확되지 않은 들판을 어른으로서 달리지 않았다는 사실이 그리 대단한 것은 아니다. 다양한 법과 관련하여 모범적인 인간이라는 것을 나타내기 위해 이 같은 사소한 예를 들어 증명하려 하지만 그것을 꼭 증명해주는 것도 아니다. 즉, 그러한 정도는 가장 단순한 인간이 갖는 도덕성 그리고 최소한의 사회적, 법적 인격일 뿐이다.

2. 고전 읽기: 니체, 인간적인 너무나 인간적인 Ⅱ

9 인간

가장 겸손한 사람이 자연계에서 〈인간〉이라고 느끼는 허영심과 비교할 때, 가장 허영적인 인간의 허영 따위는 아무것도 아니다.

10 자제

작은 것들에 대한 자제력의 부족은 또한 큰 것들에 대한 자제력도 무너뜨린다. 적어도 하루에 한 번이라도 작은 것을 〈단념〉하지 않았다면, 다음 날의 위험이 도사리고 있는 셈이다. 자신을 제어하는 자기 소유자가 되는 즐거움을 원한다면, 이 체조는 필수불가결한 연습이다.

11 일관

우리 자신을 비로소 찾았을 때, 그때부터는 때때로 우리 자신을 잃어버리는 법과 또다시 발견하는 법을 배워야 한다. 이는 그가 사색가나 철학자라는 것을 전제로 한 것인데, 그런 부류의 인간이 시종일관 하나의 인격을 유지한다는 것은 그에게 큰 손해가 되기 때문이다.

2. 고전 읽기: 니체, 인간적인 너무나 인간적인 Ⅱ

문제 2 각 이야기 별로 제목을 다시 정하고 핵심 내용을 기술하시오.
(각 100자)

6.

7.

200자

8.

9.

400자

10.

600자

2. 고전 읽기: 니체, 인간적인 너무나 인간적인 II

문제 2 각 이야기 별로 제목을 다시 정하고 핵심 내용을 기술하시오.
(각 100자)

11.

2. 고전 읽기: 니체, 인간적인 너무나 인간적인 Ⅱ

12 결별

자신이 인식하고 측정하려는 것과의 결별은 불가피하다. 적어도 한 번은 그렇다. 거리를 떠나 뒤돌아보았을 때, 비로소 거리에 있는 탑이 얼마나 높은지, 집들이 얼마나 조밀한지를 볼 수 있다.

13 안식

활발하고 폭풍우가 치는 아침을 천성으로 가진 자의 영혼은 인생의 대낮에서 몇 달 또는 몇 년 동안 지속하는 안식에 대한 욕구에 사로잡힌다. 그의 주변은 정적화되고, 모든 소리는 어느새 달아나 멀어진다. 이때 태양이 그를 직접 비춘다. 인간의 눈이 닿지 않는 숲의 초원에서 그는 위대한 목자 신, 판이 휴식하며 자는 모습을 본다. 자연의 모든 것들은 그와 함께 잠들어 있다. 얼굴에는 영원을 드러내고 있는 것처럼 생각된다. 그는 욕구도, 걱정도 없다. 그의 마음은 움직이지 않으며 단지 그의 눈만 살아 있다. 이것은 소위, 살아 있는 죽음의 상태이다. 그곳에서 인간은 전에 본 적 없는 많은 것들을 볼 수 있다. 그리고 그가 보고 있는 모든 것이 빛의 그물에 그 속에 잠들어 있다. 이때, 그곳에서 누구나 행복하다고 느끼지만 그것은 무겁고 또 무거운 행복이다.

이때 갑자기 바람이 마침내 나무들 사이에서 불어온다. 그렇게

2. 고전 읽기: 니체, 인간적인 너무나 인간적인 II

대낮은 지나갔다. 삶은 안식을 빼앗아 가져가 버렸다. 눈먼 삶과 그 추종자들이 몰려온다. 희망·기만·망각·향락·파괴·무상이 그들이다. 이렇게 저녁이 다시 온다. 아침보다 더 몰아치는 폭풍우와 활동적인 저녁이다. 정말로 활동적인 인간에게 꽤 오랫동안 지속되는 이러한 다양한 인식 상태는 약간은 병적인 것처럼도 보이지만 불쾌한 것은 아니다.

14 고정

인간이 가질 수 있는 가장 충실한 표정과 순간은 초상화로 표현하고, 실제 그것을 그린 위대한 화가는 나중에 그 초상화의 실제 인물과 만나 같이 생활하면 항상 그 사람의 우스운 모습을 보는 듯한 느낌을 피할 수 없는 것이다.

15 원칙

삶의 첫 번째 원칙은 가장 분명하고 확인하기 쉬운 것을 삶을 목표로 하고 그것에 맞추어 생활을 정리하는 것이다. 예를 들면, 가장 먼, 가장 규정되지 않은 또는 수평선 위 구름 같은 것을 목표로 하지 않는 것이다. 두 번째 원칙은 생활을 정리해 보고 결정적인 방향을 취하기 위해, 가장 가까운 것과 그다음 가까운 목표를 잡고, 확실한 것과 덜 확실한 것의 순서를 매기고, 그 목표와 순서를 기억하고 그 순서대로 일을 해 나가는 것이다.

2. 고전 읽기: 니체, 인간적인 너무나 인간적인 Ⅱ

문제 3 각 이야기 별로 제목을 다시 정하고 핵심 내용을 기술하시오.
(각 100자)

12.

13.

200자

14.

15.

400자

600자

48. 나와 [나]에 대하여

2. 고전 읽기: 니체, 인간적인 너무나 인간적인 II

16 비판

능력은 있지만, 게으른 자는 무언가 뛰어난 것을 성취한 친구를 볼 때, 항상 다소 화난 표정을 보일 것이다. 그는 질투가 일어나고 침울해지고 또한 자신의 나태가 부끄럽기 때문이다. 오히려 그는 그 성공한 친구가 이제 그 어느 때보다 자신을 경멸할까 두렵기 때문일지도 모른다. 이런 기분에서 그는 그 성취를 비판한다. 그러므로 그의 비판은 복수인 셈인데, 반면, 이것은 그것을 성취한 친구에게는 참으로 기이한 일인 것이다.

17 파괴

환상은 확실히 값비싼 편이다. 하지만 그 환상의 파괴는 더 비싸다. 왜냐하면 대부분의 사람에게 환상의 파괴가 더 큰 위안이라는 것을 부인하기 어렵기 때문이다.

18 고요

암소는 이 일, 저 일로 항상 놀라움을 표현하지만, 놀라움은 〈질문〉에 까지 다다르지 못하고 가는 길에서 멈춘다. 한편, 높은 지성을 갖춘 사람의 눈에는 구름 한 점 없는 깨끗한 하늘의 단조로움과 비슷한 무동(無動)의 고요함이 가득 차 있다.

2. 고전 읽기: 니체, 인간적인 너무나 인간적인 Ⅱ

19 동정

누구든지 너무 길게 아프지 않도록 해야 한다. 옆에서 지켜보는 사람들이 매일 동정심을 나타내야 할 의무를 더 이상 참을 수 없게 되기 때문이다. 다시 말해, 그들이 동정심을 나타내는 상태를 오랫동안 그럴듯하게 유지하는 것은 너무 어려운 일이기 때문이다. 곧 그들은 아픈 자의 성격에 죄를 덮어씌우기 위해 다음과 같은 결론을 내릴 것이다. "그가 앓고 있는 것은 당연히 그럴만한 일이다. 우리는 더 이상 그를 동정할 필요 없다."

20 경고

영혼의 분리를 즐기거나 영혼을 쉽게 하늘로 데려가려는 사람들은 자신을 너무 무겁게 하지 않도록, 즉 너무 많이 배우지 않도록 하는 것이 좋다. 특히 과학으로 자신을 채우지 않기 위해 조심해야 한다. 과학은 영혼을 너무 무겁게 만든다! 과학 열광자여, 조심하라!

2. 고전 읽기: 니체, 인간적인 너무나 인간적인 II

문제 4 각 이야기 별로 제목을 다시 정하고 핵심 내용을 기술하시오.
(각 100자)

16.

17.

18.

19.

20.

2. 고전 읽기: 니체, 인간적인 너무나 인간적인 II

21 기습

자신의 진짜 모습을 보고자 하는 사람은 횃불을 들고 자신을 기습하여 놀라게 하는 법을 배워야 한다. 정신의 세계도 육체의 세계와 마찬가지로 비슷한 원리가 적용되기 때문이다. 거울에서 자신을 보는 데 익숙한 사람은 항상 그의 추악한 모습을 잊어버린다. 그는 화가에게 끌려가서야 자신의 추악한 인상을 다시 볼 수 있다. 그러나 그는 이 그림마저 익숙해지면 그 추함을 볼 수 없다. 이것은 인간이 자신의 추악함에 견딜 수 없다는 불변의 원칙 때문이다. 추악함은 한순간의 이야기며, 인간은 어쨌든 그것을 잊거나 부정한다. 정신의 추악함도 동일한 원리이다. 자신의 다양한 원칙을 제시하기 위해 도덕주의자는 사람이 자신의 추악함에 견딜 수 없다는 느낌을 받는 그 순간을 잘 활용해야 한다.

22 신념

물고기의 소유자와 마찬가지로 사람은 그의 의견 소유자이다. 다시 말해, 저수지의 소유자라는 의미이다. 낚시하러 가서 운이 좋으면, 자신의 고기, 자신의 의견을 얻게 된다. 살아있는 의견, 살아있는 고기이다. 저수지가 없는 자는 단지 화석 진열장을 소유하고는 만족한다. 다시 말해, 자기 머릿속에 신념을 애지중지하면서 열심이다.

2. 고전 읽기: 니체, 인간적인 너무나 인간적인 Ⅱ

23 자유

그것이 불완전하더라도, 가능한 한, 자신의 필연적인 욕구를 스스로 충족시키는 것은 정신과 인격의 자유가 목표로 하는 방향이다. 반면에 쓸모없는 것을 포함하여 많은 욕구를 충족시키기 위해, 그것도 완전히 만족하기 위해 다른 사람의 손을 빌리는 것은 자신을 부자유 속으로 내모는 것이다. 내면적으로 그리고 외면적으로, 자신이 필요한 모든 것을 스스로 획득했던 소피스트, 히피아스는 이렇게 정신과 인격의 가장 높은 자유에 대한 지위를 얻었던 것이다. 이 때, 모든 것이 훌륭하고 완벽하게 수행될 필요는 없다. 자긍심, 긍지만 있다면, 그것이 부족한 부분을 보완해주기 때문이다.

24 신용

현대에는 자신을 믿는 자는 사람들로부터 신용을 받지 못한다. 그러나 전에는 자신을 믿는 것만으로도 다른 사람들이 그를 믿을 수 있었던 때도 있었다. 오늘날, 이것이 신용을 얻는 데 필요한 처방전이다. "그대 자신을 던져 버려라! 신용을 얻어 내려면 우선, 자기 자신의 오두막에 불을 질러라!"

2. 고전 읽기: 니체, 인간적인 너무나 인간적인 II

문제 5 각 이야기 별로 제목을 다시 정하고 핵심 내용을 기술하시오.
(각 100자)

21.

22.

200자

23.

24.

400자

600자

48. 나와 [나]에 대하여

2. 고전 읽기: 니체, 인간적인 너무나 인간적인 Ⅱ

25 균열

나는 이런 사람을 알고 있다. 그는 어린 나이부터 인간의 예지적 성격을, 즉 정신적 주제에 대한 인간의 진정한 헌신적 태도를, 진실로 인식되는 것에 대한 인간의 공정한 태도를, 그리고 더 많은 사고 습관을 가진 인간이었다. 그는 또한 판단력, 기억력, 침착성, 공상력 같은 부분에서 자신을 낮게 그리고 겸손하게 평가를 내리고 있었다. 그는 자신을 다른 사람과 비교할 때마다 매우 작게 느끼고 있었던 것이다. 그러나 시간이 지나면서 이 점에 있어서 한 번 아니 백 번이나 다시 생각해야 할 필요성이 생겼다. 사실, 그렇지 않았던 것이다. 이것이 그에게 큰 기쁨과 만족이었다고 생각할 수도 있다. 하지만, 그는 한 번은 이렇게 말한 적이 있다.

"전에는 몰랐던 큰 어려움이 있다. 왜냐하면 나는 사람들과 나 자신을 그 어느 때보다 공정하게 판단했기 때문에 내 영혼은 그 어느 때보다 더 소용이 없는 것 같이 느껴진다. 나는 여전히 내 정신이 다른 사람들에게 「중요한 것, 좋은 것」을 보여주는 것이 거의 불가능하다고 생각된다. 다른 사람들의 정신이 그것을 받아들이게 하는 방법을 모르기 때문이다. 나는 내가 도와주려는 사람들과 도움을 필요로 하는 사람들 사이의 엄청난 균열을 바로 눈앞에서 보고 있다. 따라서 나는 내 정신을 나 자신만을 위해 소유해야 하고 또 그것을 누릴 수 있는 한, 나 혼자서만 누려야 한다는 곤란에 빠져있다. 그러나 증여는 단지 소유보다는 행복한 일이다. 아무리 풍족해도 사막 속 황량한 고독 속에 있다면 무슨 소용이겠는가?"

2. 고전 읽기: 니체, 인간적인 너무나 인간적인 Ⅱ

26 신념

 무언가를 믿든가, 믿지 않든가, 그 근거에 대하여 확신을 가진 사람은 거의 없다. 대부분의 경우, 무언가에 대한 사람의 신념을 흔들기 위해서, 가장 큰 대포로 공격할 필요는 전혀 없다. 대부분의 사람들에게는 약간의 소란을 피우며 달려들어 공격하면, 그 목적을 쉽게 달성할 수 있다. 예를 들면, 장난감 딱총 정도로도 충분하다. 허영심이 강한 사람들에게는, 그 공격은 시늉만으로도 효과가 충분하다. 그들은 자신들이 공격받을 정도로 평가되고 있음에 만족해서 기꺼이 물러나 버린다.

27 독약

 죽음에 대한 명확한 전망을 가질 수 있다면, 사람의 삶은 맛있고 향기롭고 쾌활한 한 방울의 마음이 존재할 수 있었을 텐데…. 그건 그렇고, 지금까지의 기묘한 정신의 약제사들은 죽음에 관해서 맛없는 독을 떨어뜨려 왔다. 이 때문에 그것은 삶을 혐오하게 하는 정말 맛없는 독약 한 방울이었다.

2. 고전 읽기: 니체, 인간적인 너무나 인간적인 II

문제 6 각 이야기 별로 제목을 다시 정하고 핵심 내용을 기술하시오.
(각 100자)

25.

26.

27.

3. 주제 토론: 나와 [나]에 대하여

항상은 아니지만
무더운 여름비를 흠뻑 맞으면 행복할 때가 있다.
자기가 느껴지기 때문이다.
작지만 가장 큰 행복일 수도 있다.

어제의 우리도
내일 있을 우리도
오늘 우리의 의지가 결정한다.

3. 주제 토론: 나와 [나]에 대하여

문제 1 위 내용을 바탕으로 나와 [나]에 대하여 논하시오. (600자)

4. 천자문 (48/125)

節(절개절) 義(옳을의) 廉(청렴렴) 退(물러갈퇴)
절개와 의리, 청렴함과 물러남을 알면

顚(엎어질전) 沛(넘어질패) 匪(아닐비) 虧(부서질휴)
엎어지고 넘어져도 부서지지 않는다.

절의염퇴   전패비휴

節義廉退 이면   **顚沛匪虧** 라.

올바른 일을 하면 두려울 것 없다.
두려울 것이 없도록 살라.

[한자 세 번, 뜻 한 번을 쓰시오]

4. 논어 (論語)

위정편(爲政篇)

本末終始 (본말종시)

物有本末 물유본말 하고: 물건에는 근본과 지엽이 있고

事有終始 사유종시 하니: 일에는 끝과 시작이 있으니

知所先後 지소선후 면: 먼저 하고 나중에 할 바를 알면

則近道矣 즉근도의 라: 곧 진리에 가까운 것이다.

군자는
무엇을 중요시하고, 무엇을 먼저 해야 하는지를 아는 자이다.

[한자 두 번, 뜻 한 번을 쓰시오]

니체, 인간적인 너무나 인간적인 Ⅱ

프리드리히 니체 (1844~1900년)

독일의 문헌학자이자 철학자이다. 서구의 오랜 전통을 깨고 새로운 가치를 세우고자 했기 때문에 '망치를 든 철학자'라는 별명이 있다. 그는 그리스도교 도덕과 합리주의의 기원을 밝히는 작업에 깊이 매진하였고, 이성적인 것들은 실제로는 비이성과 광기로부터 기원했다고 주장했다. 저서에는 〈비극의 탄생〉〈반시대적 고찰〉〈인간적인, 너무나 인간적인〉〈아침놀〉〈즐거운 지식〉〈차라투스트라는 이렇게 말했다〉〈선악을 넘어서〉〈도덕의 계보〉〈우상의 황혼〉〈안티크리스트〉〈이 사람을 보라〉〈디오니소스 찬가〉가 있다.

인간적인 너무나 인간적인 Ⅱ

제1장 여러 가지 의견과 잠언
제2장 방랑자와 그 그림자

* Ref: 관련 백과사전 등 참고

독서 노트 (39)

['인간적인 너무나 인간적인 Ⅱ'에 흐르는 정신에 대하여]

1. 저자
   : 니체

2. 도서
   :인간적인 너무나 인간적인 Ⅱ

3. 독서 노트
   (1) 중요하게 생각되는 20가지 이야기를 기술하시오. (각 100자)
   (2) 정리한 20가지 이야기에 흐르는 정신(교훈)을 세 가지로 나누고 각 원문을 인용하면서 '인간적인 너무나 인간적인 Ⅱ'의 세 가지 정신(교훈)에 대하여 기술하시오. (600자)

4. 기간
   : 3주

독서노트

(1) 중요하게 생각되는 20가지 이야기를 기술하시오. (각 100자)

1.

2.

200자

3.

4.

400자

5.

600자

6.

독서노트

(1) 중요하게 생각되는 20가지 이야기를 기술하시오. (각 100자)

7.

8.

9.

10.

11.

12.

독서노트

(1) 중요하게 생각되는 20가지 이야기를 기술하시오. (각 100자)

13.

14.

200자

15.

16.

400자

17.

600자

18.

독서노트

(1) 중요하게 생각되는 20가지 이야기를 기술하시오. (각 100자)

19.

20.

독서노트

(2) 정리한 20가지 이야기에 흐르는 정신(교훈)을 세 가지로 나누고 각 원문을 인용하면서 '인간적인 너무나 인간적인 Ⅱ'의 세 가지 정신(교훈)에 대하여 기술하시오. (600자)

1.

200자

2.

400자

3.

600자

Summary

1. 나에 대하여

 : 숨어 있는 [나]에 대하여 깊이 생각하고 기술하시오. (600자)

2. 고전 읽기

 : 니체, 인간적인 너무나 인간적인 Ⅱ

3. 주제 토론

 : 나와 [나]에 대하여

4. 천자문 / 논어

5. 독서노트

 : 니체, 인간적인 너무나 인간적인 Ⅱ

나와 [나]에 대하여

✱ 48. 나와 [나]에 대하여 자신의 생각을 종합하시오.

행복은
그것을 필연으로 만드는 자에게만 허락된다.
행복할 수밖에 없는 필연을
매일 조금씩 준비하라.

- 진리의서, 자유정신사-

고전인문철학수업 Ⅵ

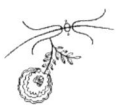

인문철학교육서

고전인문철학수업 VI

41. 이해와 사랑에 대하여

42. 이해와 득실에 대하여

43. 합리적 계책에 대하여

44. 평등과 자격에 대하여

45. 시간과 존재에 대하여

46. 자유와 평등에 대하여

47. 관계와 인간에 대하여

48. 나와 [나]에 대하여

통합사유철학교육서

고전인문철학수업 Ⅰ~Ⅵ권, 도서 목록(1)

순서	도서	작가	관련 수업
1	15소년 표류기	쥘 베른	3권 22강
2	구토	사르트르	5권 35강
3	국가 1	플라톤	1권 6강
4	국가 2	플라톤	1권 8강
5	군주론	마키아벨리	5권 39강
6	그리스로마 신화	不明	2권 10강
7	그림 동화집	그림	1권 4강
8	나비	헤르만 헤세	5권 40강
9	나의 라임오렌지나무	바스콘셀로스	3권 17강
10	노자	노자	6권 45강
11	달과 6펜스	서머싯 몸	3권 20강
12	데미안	헤르만 헤세	4권 27강
13	디아프살마타	키르케고르	3권 17강
14	리바이어던	홉스	6권 46강
15	마지막 잎새, 크리스마스 선물	오 헨리	6권 41강
16	명상록 1	아우렐리우스	1권 4강
17	명상록 2	아우렐리우스	2권 13강
18	명상록 3	아우렐리우스	4권 30강
19	모파상 단편집	모파상	2권 14강
20	문학이란 무엇인가	사르트르	4권 31강
21	바보이반	톨스토이	1권 3강
22	반시대적 고찰	니체	2권 16강
23	방법서설	데카르트	1권 7강
24	법구경	법구	5권 33강
25	변신	카프카	3권 24강
26	별, 마지막 수업	알퐁스 도데	4권 26강
27	보물섬	로버트 스티븐슨	2권 11강
28	보왕삼매론	묘협	5권 40강
29	비밀의 화원	프랜시스 버넷	1권 5강
30	사람에게는 얼마만큼의 땅이 필요한가	톨스토이	1권 3강
31	사람은 무엇으로 사는가	톨스토이	1권 3강
32	사랑의 학교	아미치스	1권 7강
33	사회계약론	루소	4권 25강
34	삼국유사	일연	4권 25강
35	삼국지 1	나관중	2권 15강
36	삼국지 2	나관중	6권 43강
37	생의 한가운데	루이제 린저	3권 18강
38	성찰	데카르트	3권 18강

고전인문철학수업 Ⅰ~Ⅵ권, 도서 목록 (2)

순서	도서	작가	관련 수업
39	소공녀	프랜시스 버넷	2권 13강
40	소크라테스의 변명	플라톤	1권 1강
41	신논리학	베이컨	2권 9강
42	아라비안나이트	不明	2권 16강
43	안네의 일기	안네 프랑크	4권 25강
44	안데르센 동화집	안데르센	1권 2강
45	어느 개의 고백	카프카	3권 24강
46	어린 왕자 1	생텍쥐페리	2권 9강
47	어린 왕자 2	생텍쥐페리	2권 14강
48	엉클 톰스 캐빈	스토	3권 21강
49	역사철학강의	헤겔	5권 36강
50	예언자1	칼릴 지브란	2권 12강
51	예언자2	칼릴 지브란	3권 19강
52	왕자와 거지	마크 트웨인	4권 29강
53	의무론	키케로	5권 34강
54	이솝우화 1	이솝	1권 1강
55	이솝우화 2	이솝	4권 32강
56	인간 불평등 기원론	루소	1권 5강
57	인간적인 너무나 인간적인 1	니체	1권 2강
58	인간적인 너무나 인간적인 2	니체	6권 47강
59	인간적인 너무나 인간적인 3	니체	6권 48강
60	일리아드 오디세이	호메로스	6권 44강
61	잠언	성서	5권 38강
62	장자	장자	2권 15강
63	젊은 베르테르의 슬픔	괴테	3권 19강
64	정치학	아리스토텔레스	5권 37강
65	지하생활자의 수기	도스토예프스키	1권 3강
66	짜라투스트라는 이렇게 말했다	니체	3권 22강
67	철학자들의 생각 1	不明	6권 42강
68	철학자들의 생각 2	不明	6권 44강
69	체호프 단편선	체호프	3권 23강
70	탈무드 1	不明	1권 5강
71	탈무드 2	不明	1권 6강
72	톰 소여의 모험	마크 트웨인	1권 8강
73	팡세	파스칼	4권 28강
74	한비자 1	한비	2권 10강
75	한비자 2	한비	3권 21강
76	황금 머리를 가진 사나이	알퐁스 도데	5권 40강

고전인문철학수업 Ⅵ

명예를 위해 살지 말고
명예롭게 살라.

고전인문철학수업

고전인문철학수업 Ⅰ : 과거를 창조함

고전인문철학수업 Ⅱ : 제 3의 탄생

고전인문철학수업 Ⅲ : 여유로움과 나태함

고전인문철학수업 Ⅳ : 평등한 세상

고전인문철학수업 Ⅴ : 배려와 희생

고전인문철학수업 Ⅵ : 이해와 사랑

인문철학교육서

고전인문철학수업 VI

1판1쇄 ‖ 2020년 6월 1일
지은이 ‖ 이지훈
펴낸이 ‖ 이현준
펴낸곳 ‖ 자유정신사
등록 ‖ 제251-2012-40호
전화 ‖ 031-781-7812
팩스 ‖ 031-935-0520
이메일 ‖ bookfs@naver.com

ISBN 978-89-98392-36-9 (03100)

이 도서의 국립중앙도서관 출판예정도서목록(CIP)은 서지정보유통지원시스템 홈페이지(http://seoji.nl.go.kr)와 국가자료종합목록 구축시스템(http://kolis-net.nl.go.kr)에서 이용하실 수 있습니다. (CIP제어번호: CIP2020019395)

출판사의 허락 없이 무단 복제와 무단 전재를 금합니다.
잘못된 책은 구입처에서 교환해 드립니다.
이 책에서 사용된 문양은 한국문화정보센터가 창작한 저작들을 공공누리 제1유형에 따라 이용합니다.

이 책의 모든 저작권은 자유정신사가 가지고 있습니다.

✻ 고전인문철학수업 Ⅰ

1. 과거를 창조함에 대하여 (플라톤, 소크라테스의 변명)
2. 소극적 자유와 적극적 자유에 대하여 (니체, 인간적인 너무나 인간적인)
3. 자유의지에 대하여 (도스토예프스키, 지하생활자의 수기)
4. 자유로운 일과 자유를 주는 일에 대하여 (아우렐리우스, 명상록)
5. 창조의 힘, 개별의지에 대하여 (루소, 인간불평등기원론)
6.. 개별의지의 적용에 대하여 (플라톤, 국가 Ⅰ)
7. 선택받는 삶과 선택하는 삶에 대하여 (데카르트, 방법서설)
8. 올바름과 어리석음에 대하여 (플라톤, 국가 Ⅱ)

✻ 고전인문철학수업 Ⅱ

9. 제3의 탄생에 대하여 (베이컨, 신논리학)
10. 꿈의 구조도에 대하여 (한비, 한비자)
11. 생각의 지도에 대하여 (통합사유철학강의)
12. 숭고한 나눔에 대하여 (칼릴지브란, 예언자)
13. 명예로운 삶에 대하여 (아우렐리우스, 명상록)
14. 우리에게 중요한 것들에 대하여 (생텍쥐페리, 어린 왕자)
15. 삶의 목적에 대하여 (장자, 장자)
16. 참과 진리에 대하여 (니체, 반시대적 고찰)

✻ 고전인문철학수업 Ⅲ

17. 여유로움과 나태함에 대하여 (키르케고르, 디아프살마타)
18. 성찰과 회복에 대하여 (데카르트, 성찰)
19. 아름다움에 대하여 (칼릴지브란, 예언자)
20. 행동과 열정에 대하여 (서머싯 몸, 달과 6펜스)
21. 겸손과 지혜에 대하여 (한비, 한비자)
22. 인식의 세 단계에 대하여 (니체, 차라투스트라는 이렇게 말했다)
23. 진실과 오해에 대하여 (체호프, 체호프 단편선)
24. 인간의 조건에 대하여 (카프카, 변신)

✻ 고전인문철학수업 Ⅳ

25. 평등한 세상을 위하여 (루소, 사회계약론)
26. 인간의 본성에 대하여 (알퐁스 도데, 별)
27. 문제와 해결에 대하여 (헤르만 헤세, 데미안)
28. 허영과 충만에 대하여 (파스칼, 팡세)
29. 편견과 본성에 대하여 (마크트웨인, 왕자와 거지)
30. 자기철학에 대하여 (아우렐리우스, 명상록)
31. 자존과 수용에 대하여 (사르트르, 문학이란 무엇인가)
32. 노력과 만족에 대하여 (이솝, 이솝 우화)